Introducción a la vida y teología de Juan Wesley

Introducción a la vida y teología de Juan Wesley

Hugo Magallanes

ABINGDON PRESS / Nashville

INTRODUCCIÓN A LA VIDA Y TEOLOGÍA DE JUAN WESLEY

ISBN 0-687-74081-9

06 07 08 09 10 11 12 13 14 — 10 9 8 7 6 5 4 3 2
HECHO EN LOS ESTADOS UNIDOS DE NORTEAMÉRICA

Dedicatoria

A Petra Rodríguez de Tejeda,
mi abuelita, quien sin saberlo siguió
los pasos de Juan Wesley, predicando,
evangelizando y sirviendo a los pobres
sin cesar. Una mujer santa que partió
a su hogar celestial cuando las últimas
líneas de este libro fueron escritas.

A mi esposa,
Lucía Raquel Coronado, quien es un
ejemplo de perfección cristiana y sin
cuyo apoyo y ayuda este proyecto no
hubiera sido posible. Desde nuestro
noviazgo hasta ahora, su ejemplo y su
influencia han sido decisivas en el
desarrollo de mi entendimiento de
Juan Wesley.

Contenido

Prólogo

$\mathcal{M}$e corresponde el honor de presentar al público lector esta obra del Dr. Hugo Magallanes. Estoy seguro de que esta será la primera de una amplia producción para el bien de la iglesia y de toda nuestra comunidad. Es un honor que agradezco sobremanera, tanto por la importancia del tema como por los vínculos de amistad que me unen al autor. Por eso agradezco al Dr. Magallanes, a la casa Abingdon por su participación en este proyecto, a la Wesley Heritage Foundation, y a su presidente, el Dr. L. Elbert Wethington, por su apoyo económico y moral.

Por encima de lo dicho, cabe preguntarse por qué dedicarle tiempo al estudio de la vida y obra de un inglés que vivió hace trescientos años, cuando hoy vivimos en circunstancias tan diferentes. En su tiempo, Wesley escribió sus obras con plumas que todavía eran verdaderas plumas de ganso; Magallanes escribió la suya en una computadora. Wesley escribió en inglés, Magallanes en castellano. Wesley andaba a caballo, nosotros en aviones de retropropulsión. Lo que Wesley viajaba en un año, a costa de mil sacrificios y peripecias, hoy nosotros podemos hacerlo en una semana, y cómodamente sentado en butacas de avión o autobús. En tiempos de Wesley, nuestros países hispanoamericanos eran todavía colonias españolas, y las colonias británicas en Norteamérica luchaban por su independencia. Hoy, España no tiene colonia alguna en el hemisferio occidental, pero las colonias británicas que se independizaron en tiempos de Wesley —y que ahora son los Estados Unidos— son quienes ahora ejercen una especie de poderío neocolonial sobre las antiguas colonias españolas. ¿Por qué entonces estudiar a Wesley en estos tiempos que son tan diferentes al que vivió? ¿Por qué nosotros los hispanos, lo estudiamos cuando son tantos los problemas y los desafíos que nos asedian?

Sin embargo, como ya lo he dicho en otra ocasión, es cierto que parte de la respuesta nos la da el propio Wesley, pero la respuesta principal nos la da nuestro pueblo.

En cuanto a Wesley, es importante señalar que él siempre tuvo interés por nuestra cultura y nuestro pueblo, tanto el que provenía de origen español como el de origen indígena. Apenas llegado a Georgia, y antes de su experiencia en Aldersgate, comenzó a estudiar el español para poder conversar con los naturales del país, quienes no conocían otra lengua europea sino la de España. En esos estudios, se topó con los escritos de varios místicos españoles, y estos lo impactaron a tal grado que incluso al menos tradujo un poema místico español. Por un tiempo encontró tal inspiración en esas obras, que se sintió atraído hacia un misticismo extremo. Más tarde —habiendo considerado seriamente la teología de esos autores— le escribiría a su hermano Samuel para decirle que ese misticismo fue «la roca en la cual estuve a punto de naufragar». Durante toda su vida admiró a Gregorio López, un español de origen misterioso que dedicó toda su vida al servicio de los indígenas en México, y cuya constante comunión con Dios siempre fue ejemplo para el propio Wesley y sus seguidores. Así pues, a la pregunta sobre nuestro interés en el estudio de Wesley, hay que responder, en parte, que ese interés no es algo únicamente de nuestra parte, sino también de la de Wesley, que se interesó en nuestros pueblos y nuestras tradiciones.

Pero la verdadera respuesta es mucho más sorprendente. Hemos de estudiar a Wesley porque su impacto sobre nuestros pueblos y nuestras culturas ha sido enorme, aunque tristemente desconocido. Todos saben que el metodismo viene de Wesley, y por tanto, al hablar del impacto de Wesley entre nosotros es muy fácil señalar a las iglesias metodistas en nuestro hemisferio y entre nuestra gente. Podemos señalar la existencia de iglesias metodistas en cada uno de nuestros países, y en algunos casos de iglesias metodistas bastante numerosas. Podemos hablar de escuelas y universidades metodistas que sin duda se deben, al menos en parte, a la continuación del trabajo de Wesley. También podemos nombrar destacados líderes que se han formado en el seno de las iglesias metodistas de nuestro hemisferio. Pero todo esto no es sino una fracción del verdadero impacto de Wesley entre nosotros.

Con demasiada frecuencia olvidamos que la herencia wesleyana es mucho más amplia. Por ejemplo, de origen wesleyano no solamente son las iglesias que todavía conservan el nombre de «metodistas» o de «wesleyanas», sino también una vasta familia de denominaciones que incluyen a las llamadas «iglesias de santidad» y la mayor parte de las iglesias pentecostales. Así que entre los herederos de Wesley se cuentan, de un modo u otro, metodistas, wesleyanos, salvacionistas, nazarenos, adventistas, asambleístas, metodistas pentecostales, pentecostales independientes, las iglesias de Dios, y un sinnúmero de iglesias, grupos, «concilios» y movimientos (muchos de los cuales ni siquiera saben que son parte de esa herencia).

Vista así, resulta que la tradición wesleyana —aparte de la católica romana— es la rama del cristianismo de mayor impacto y presencia numérica en toda América Latina, tanto como entre los latinos en los Estados Unidos. Lo que es más, hay varios países donde la población cuya fe, que de un modo u otro se remonta a Juan Wesley, ya alcanza la cifra de varios millones; y en algunos de ellos esa cantidad es más de la cuarta parte de la población.

Por tanto, nosotros no tenemos que dar una respuesta a la pregunta de por qué estudiar a Wesley. La respuesta nos la dan esos millones de creyentes herederos suyos —aunque muchas veces no lo sepan— para quienes estudiar a Wesley sería conocer algo más de sus propias raíces y, por tanto, de su propia identidad.

Sin embargo, hay más. Tenemos que estudiar a Wesley porque su vida y su teología tienen mucho que enseñarnos el día de hoy. Entre los creyentes de la actualidad, con demasiada frecuencia se establecen dicotomías que también existían en tiempos de Wesley, y que él se esforzó en desmantelar.

Por ejemplo, en primer lugar está la dicotomía entre la «evangelización» y la «obra social». ¡Cuánta tinta, energías y esfuerzos se han derramado para demostrar que la evangelización es más importante que la obra social o en demostrar todo lo contrario. Wesley nos ofrece otra alternativa, que fue tan válida para sus días y no ha dejado de serlo para los nuestros. Al entender la evangelización en toda su plenitud, nos daremos cuenta de que no está en conflicto o se opone a la obra social, sino que la requiere. Para

Wesley, el evangelio son las buenas nuevas del amor de Dios, un amor que nos crea, que nos salva, que nos santifica, que nos lleva a la comunión plena con él. Esa santificación no solamente incluye nuestra santificación individual y privada, sino la santificación de toda la creación y de todo el orden social. Esto lo manifestó Wesley en su oposición a la esclavitud, y hoy nosotros hemos de mostrarlo en nuestra oposición a toda forma de abuso, explotación u opresión. Así pues, las buenas nuevas entendidas a cabalidad, incluyen la santificación de la sociedad en justicia y amor. Un «evangelio» que no incluya todo esto es un evangelio truncado, un pseudo-evangelio.

En segundo lugar, también existe la dicotomía entre la fe y la educación. Entre nuestro pueblo hay quienes piensan que los estudios interfieren con la fe y que, entonces, para predicar lo mejor es no estudiar, sino sencillamente ir y hacerlo. Por su lado, otras personas piensan que para predicar hay que pasar primero por todo un proceso de educación formal, y hasta se jactan de que en sus iglesias «no predica cualquiera», sino solamente quienes han ido primero a la universidad y luego al seminario. Pero también aquí Wesley nos sale al paso con una alternativa valiosa. Es cierto que Wesley tuvo una educación esmerada, que además fundó y sostuvo escuelas, escribió gramáticas del griego y del latín, publicó una *Biblioteca cristiana* (con los libros que le parecía que todo creyente debería leer, y en la cual incluyó varios autores con quienes no concordaba del todo, pero cuyo valor reconocía), y que insistió constantemente en que sus predicadores y otros líderes se dedicaran al estudio, no solamente como preparación práctica para su tarea, sino también como obediencia al mandato de amar a Dios «con toda tu mente». Pero, por otra parte, Wesley también se mostró dispuesto a reconocer los dones de quienes tenían escasos estudios, y les dio lugar en el liderato del movimiento, ayudándoles a estudiar más, pero sin hacer de su falta de educación formal un obstáculo para su vida de servicio. Aquí lo mejor sería seguir el ejemplo de Wesley: estudiemos más y más, e insistamos en que nuestro pueblo y sus líderes aprendan más cada día. Pero no lo hagamos para defender el prestigio de nuestro grupo o de nuestro movimiento, sino para que todo ello sea expresión de que amamos a Dios con toda la mente, y porque nos estamos capacitando para servir más y mejor.

Por último, frecuentemente se plantea la dicotomía entre la iglesia y el individuo. En la sociedad en que vivimos, si no nos gusta una iglesia, nos vamos a otra. Frente a esto, algunas personas insisten en una lealtad absoluta, de modo que habría que doblegarse a las autoridades eclesiásticas, hacer lo que nos digan, y callar cuando estemos en desacuerdo. Sin embargo, el ejemplo de Wesley nos sale al paso una vez más. Siempre fue fiel hijo de la Iglesia de Inglaterra, e hizo todo lo posible para que el movimiento metodista no compitiese con esa iglesia —por ejemplo, prohibiendo a sus grupos que se reunieran en domingo— ni para que se separara de ella. Pero, al mismo tiempo, no permitió que su fidelidad a la iglesia como institución le impidiese llevar a cabo su obra, manifestar el amor de Dios hacia personas a quienes la iglesia apenas si llegaba, o buscar nuevas formas de ministerio. Entre las tensiones que vivimos hoy, el ejemplo de Wesley nos reta a seguir el difícil camino de la fidelidad a la iglesia; pero de una fidelidad que está supeditada a la máxima fidelidad que se le debe al Dios de la iglesia y al pueblo que Dios ama.

Con todo y lo dicho arriba, al mirar desde una distancia de tres siglos a Wesley, también tenemos que ver que también tuvo defectos y cometió errores. Algunos ejemplos fueron su falta de sensibilidad en las relaciones con su esposa, su escaso sentido del humor, su incomprensión de los sueños de igualdad que comenzaban a surgir en la civilización occidental y otros más. Pero incluso en esto, el estudio de la vida y obra de Wesley nos será de gran valor, al recordarnos que nosotros también somos hijos e hijas de nuestros tiempos, y al invitarnos a llevar a cabo nuestra obra sabiendo que, a fin de cuentas, lo que en ellas haya de bueno Dios lo tomará y hará fructificar; y que lo que haya de malo, de falta de visión, Dios lo perdonará, lo redimirá y lo usará para bien.

¡Que así sea!

Justo L. González
Decatur, Georgia
Agosto del 2004

Prefacio

Sin lugar a dudas, el Dr. Justo L. González es uno de los teólogos hispanos que más se ha destacado por su producción literaria y por sus esfuerzos en promover la educación teológica entre el pueblo hispano. Bajo su dirección e iniciativa, muchos proyectos han llegado a ser de bendición y han beneficiado en gran manera a una gran cantidad de personas, particularmente a personas que se identifican como parte de la tradición wesleyana.

Uno de los más grandes proyectos del Dr. González fue su trabajo como editor general de las *Obras de Wesley*, y por esta razón ha sido un gran honor para mí poder trabajar bajo la dirección del Dr. González al escribir esta introducción a Wesley. Sus comentarios, su apoyo, y su crítica constructiva fueron muy importantes en la realización de esta obra. Por lo tanto, extiendo mi agradecimiento y expreso mi admiración al Dr. Justo L. González por darme esta oportunidad para compartir con el pueblo hispano algo de la vida y obra de Juan Wesley. Sin su ayuda y apoyo esta obra no hubiera sido posible.

Fue el mismo Dr. González quien buscó el apoyo para financiar este trabajo, que fue otorgado por la Wesley Heritage Foundation. Por lo tanto, también quiero agradecer al Reverendo Dr. L. Elbert Wethington, presidente de la junta directiva de la Wesley Heritage Foundation, por su participación y apoyo para la producción de esta obra. En general, en este proyecto pude confirmar lo que ya había observado con anterioridad del Dr. González, su humildad, su amabilidad, su deseo de servir y su sabiduría; cualidades que son evidentes en su diario vivir, y quienquiera que ha tenido una conversación con él puede dar testimonio de esto. Dios quiera que todos nosotros podamos seguir este ejemplo de dedicación y servicio para honra y gloria de Dios y para bendición del pueblo hispano.

De manera providencial, puedo decir que esta obra fue terminada al principio del primer semestre de mi año sabático, por lo que también quiero agradecer al Seminario Teológico Asbury en Orlando por haberme concedido esta oportunidad de dedicarme a estudiar y escribir esta obra. Agradezco al consejo de administración, a mis colegas, y especialmente a la Dra. Zaida Maldonado Pérez por tomar mis responsabilidades como decano durante mi ausencia.

Finalmente quiero expresar mi gratitud a Lucía, mi esposa, y a mis hijos David y Erick. Gracias por su paciencia, por su amor, por su comprensión, y por ayudarme a ser mejor cada día. Les estoy agradecido porque escribí este libro pensando en ustedes, para que cuando lo leyeran pudieran conocer más a Juan Wesley de una manera sencilla pero no simple. El tenerlos en mi mente me dio el aliento y la motivación para seguir y llegar a la conclusión de esta obra.

En resumen, agradezco a Dios por sus siervos Juan Wesley y Justo González, cuyos testimonios nos desafían a vivir una vida dedicada a servir al prójimo; por el Dr. L. Elbert Wethington y a la Wesley Heritage Foundation por invertir en la producción de esta obra; por la generosidad del Seminario Asbury al otorgarme un semestre sabático; por Lucía, David y Erick, porque sin lugar a duda son mis mejores amigos y la fuente de alegría de mi vida.

Introducción

Casi desde el inicio de mi vida cristiana empecé a escuchar sobre Juan Wesley y su obra. Sin embargo, en aquel entonces, para mí, Juan Wesley era un personaje remoto y ajeno a mi situación. Ajeno a las preguntas que me hacía como aquel adolescente que iniciaba su vida cristiana desde la perspectiva protestante en un país nominalmente católico. Esto solamente marcaba el inicio de una vida diferente a la del resto de mis compañeros de escuela, familiares y amigos. Debido a que muchos de mis amigos me preguntaban quiénes eran los metodistas, qué creían y por qué yo era metodista, fue que empecé a indagar sobre el fundador del metodismo, no sólo para dar respuestas sólidas y concretas a quienes me cuestionaban, sino también para buscar respuestas a mis propias preguntas con respecto a la vida cristiana y la sociedad.

Así fue que tuve mi contacto inicial con el fundador del movimiento metodista y con la tradición más extensa llamada «movimiento de santidad». Durante esos años del inicio de mi vida cristiana —en especial por su organización personal y sus formas innovadoras de atender a las necesidades de la gente que le rodeaba— la vida y ministerio de Juan Wesley fueron una fuente de aliento e inspiración para mí.

Años más tarde fui a estudiar al seminario metodista llamado *Juan Wesley*, en mi país natal, México. Obviamente, y como parte de mi preparación académica y ministerial, durante estos años estudié con más detalle la vida y teología de Juan Wesley. A pesar de que mi admiración y aprecio crecía cada día mientras más conocía de él, no fue sino hasta mi primer trabajo pastoral de tiempo completo que entendí las dificultades que Juan Wesley vivió, y lo valioso que ha sido su contribución para quienes formamos parte del ministerio cristiano.

Curiosamente, al igual que Wesley, mi primera asignación ministerial de tiempo completo fue la de empezar una obra misionera en el estado de Georgia para trabajar con inmigrantes. Pero no con inmigrantes europeos ni nativos como él lo hizo, sino con campesinos, la mayoría de ellos de México y Centroamérica. Al iniciar esta obra, muchas veces me encontré predicando al aire libre, y al mismo tiempo ayudando a la gente con sus problemas legales, de salud y de vivienda. Durante mis años en Georgia, en más de una ocasión lo que había aprendido de Juan Wesley fue una gran ayuda y aliento. En ese tiempo confirmé lo que ya había empezado a ver desde mi adolescencia, que Juan Wesley era un pastor innovador, con un gran deseo de ministrar a las masas y con una ferviente dedicación a proveer recursos y herramientas a los nuevos cristianos para ayudarles en todos los aspectos de su vida. Sobre todo, confirmé que Wesley fue un teólogo práctico. Es decir, que sus estudios y su preparación ministerial siempre estaban enfocados a servir y atender a las necesidades de la gente que le rodeaba. Como pastor y teólogo práctico, Wesley siempre buscó la manera más efectiva de alcanzar a la gente marginada con el amor de Dios.

El enfoque ministerial y teológico de Wesley me llevó a entender mi vida cristiana de una manera diferente, me ayudó a emprender nuevas obras y proyectos en mi vida ministerial, pero, sobre todo, contribuyó a que entendiera la importancia de llegar a las personas que están al margen de la sociedad. Cuando estos aspectos se integraron a mi vida ministerial, de inmediato empecé a ver los resultados y los frutos de seguir el ejemplo de Juan Wesley. Así pues, Wesley me proveyó ayuda práctica y teológica en los años iniciales de mi vida cristiana y, más adelante, en la pastoral.

El propósito de este libro es relatar e ir explicando de manera sencilla la vida y teología de Juan Wesley. Para ello trataré de mantener el equilibrio entre la teología teórica y su relevancia para la vida diaria, y las experiencias personales de Juan Wesley que fueron interpretadas por él mismo a la luz de su amplio conocimiento de la tradición cristiana y de los teólogos clásicos. De esta manera, y debido a la integración de vida diaria y teología cristiana, creo que el ejemplo de Juan Wesley es pertinente no sólo para los metodistas y las denominaciones tradicionalmente afiliadas con el metodismo (wesleyanos, nazarenos, metodistas libres y muchas otras), sino también para denominaciones como las Asambleas de Dios, la Iglesia de Dios, y muchas congregaciones independientes afiliadas de alguna manera u otra con el movimiento pentecostal.

De alguna manera, el común denominador de todas estas agrupaciones es su énfasis en la santidad cristiana y la búsqueda de aplicaciones prácticas para la vida cotidiana. Estos puntos son prominentes en la teología wesleyana y cruciales en la vida de Juan Wesley. Sin embargo, creo que la mayoría de las personas afiliadas a las agrupaciones mencionadas no conocen la vida y ministerio de Juan Wesley, y por no conocerlo, tampoco lo consideran un ejemplo de liderazgo a seguir. Dado que sus preocupaciones personales, su enfoque ministerial y su deseo ferviente de predicar y vivir la santidad bíblica son casi idénticos a los de muchos grupos cristianos de la actualidad, estoy convencido de que aprender más del ministerio y de la vida de Juan Wesley no sólo será de utilidad para las personas afiliadas directamente al movimiento wesleyano-metodista, sino también al creciente número de congregaciones independientes, carismáticas y pentecostales que se definen a sí mismas como «iglesias de santidad».

De hecho, ya he encontrado evidencias de esta conexión. En muchas ocasiones, cuando imparto clases sobre la teología y ética de Juan Wesley, al final, frecuentemente varios de mis estudiantes se acercan para seguir charlando y conocer más sobre este personaje. La mayoría de estos estudiantes —que de pronto sienten un aprecio e interés en la teología wesleyana— fueron educados en la tradición de «santidad» y son miembros de iglesias carismáticas o pentecostales. Estos estudiantes inician su conversación conmigo diciendo algo como: «Esto es lo que yo siempre he creído, pero no sabía que Juan Wesley lo afirmaba», «Creo que he sido parte de la tradición wesleyana toda mi vida, pero hasta hoy me doy cuenta de ello», o «Ahora entiendo la importancia de la vida santa y sus bases teológicas». Después de conversar con ellos, y al reflexionar sobre sus comentarios, puedo confirmar que Wesley tiene mucho que ofrecer a las iglesias de la actualidad y que hay conexiones directas y evidentes entre él y la tradición de santidad ampliamente difundida.

Este libro, sin embargo, no sólo tiene el deseo de enlistar y señalar estas conexiones y relaciones entre Wesley y las iglesias de santidad. También tiene el propósito de invitar al lector a que se identifique con la vida de Juan Wesley de tal manera que lo lleve a una transformación y a una nueva visión del ministerio cristiano, tal y como ocurrió conmigo años atrás en Georgia. A este respecto Charles Taylor nos recuerda que: «Las fuentes de la ética y la moral nos capacitan e influyen. Acercarnos a ellas, entenderlas mejor, asimilar lo que implican e involucran, y reconocerlas como tales significa amarlas y respetarlas para vivir una vida de acuerdo a sus principios»[1]. Así pues, quiero sugerir que para los cristianos que no están directamente afiliados con la tradición wesleyana, Juan Wesley es una fuente importante de ética y moral. Con esto no quiero decir que Wesley es el único teólogo al que debemos prestar atención. Esto iría en contra del carácter de cooperación y ayuda mutua que él mismo promovió. Tampoco estoy sugiriendo que la teología de Wesley sea la única válida, y mucho menos que quienes pertenecen a iglesias independientes y pentecostales deben dejarlas para afiliarse con denominaciones de tradición wesleyana.

Lo que sí estoy sugiriendo es que en la vida y la teología de Juan Wesley, además de encontrar una fuente de aliento para nuestro diario vivir, también podemos encontrar expresiones prácticas y sencillas de la santidad y la vida cristiana. Es decir, encontramos a un cristiano que tiene preocupaciones similares a las nuestras y busca la manera de abordarlas utilizando su vasta educación y su corazón pastoral. En su ministerio es evidente que Wesley reunió el celo evangelizador y el deseo por transformar la sociedad; que tuvo debilidades y fracasos emocionales, ministeriales y románticos, pero que pudo superar con la ayuda de Dios y de la comunidad cristiana; un hombre que fue fiel a su iglesia, pero a la vez estuvo dedicado a servir a quienes se encontraban lejos de ella; y podemos encontrar una vida transformada por la gracia de Dios y que nos da testimonio y nos desafía a buscar esta transformación en nuestra propia vida siendo fieles al llamado de Dios a servir a los necesitados. Por estas razones, la intención primordial de este libro es explorar de una manera detallada pero a la vez sencilla la vida y ministerio de Juan Wesley, de tal manera que nos sirvan de inspiración y aliento para nuestras luchas diarias como cristianos o como ministros del evangelio de Jesucristo. Si reconocemos a Juan Wesley como una fuente de ética y moral, de inspiración y aliento, si al estudiar su vida y ministerio nos acercamos a él con deseos de retomar y redescubrir nuestra identidad como cristianos y personas dedicadas a vivir una vida santa, entonces estoy seguro de que este libro nos ayudará en nuestra vida personal, ministerial, y en nuestros esfuerzos por transformar la sociedad en que vivimos.

En mi afán de presentar la vida y el ministerio de Juan Wesley de una manera sencilla pero a la vez prestando atención a los detalles que determinaron su enfoque teológico, he dividido este libro en dos partes. La primera de ellas nos presenta una descripción de los detalles de la vida personal de Juan Wesley dentro del marco social que le correspondió vivir y ocasionalmente indicando relaciones entre ciertos eventos y su desarrollo ministerial y teológico. Por lo tanto, encontraremos una descripción general de las condiciones sociales, políticas y religiosas que reinaban en el siglo XVIII en Inglaterra, además de una descripción general de su contexto familiar y educativo hasta sus años en Oxford. También veremos su fracaso como misionero en la colonia americana de Georgia al igual que su primera frustración romántica. Ambas situaciones causaron que Wesley hiciera una autoevaluación de su vida personal y espiritual y ésta lo llevó a aprender más de los moravos y finalmente a obtener la paz y seguridad en la capilla de Aldersgate, cuando hizo suyo el perdón y el amor de Dios. Describiremos los inicios y la organización de su ministerio, al igual que los desafíos y controversias que enfrentó. Abordaremos la expansión del ministerio de Juan Wesley, no sólo en el sentido territorial y numérico, sino también en el ámbito social, colocando un énfasis especial en la dedicación de Wesley a servir y suplir las necesidades de los pobres y sobre su trabajo en favor de la educación infantil. La etapa final de su vida será analizada en el último capítulo de esta primera parte, en donde exploraremos el avance misionero trasatlántico del metodismo y las publicaciones de Wesley que corroboran su dedicación a predicar una santidad integral, para finalizar con su partida a la patria celestial. Estos capítulos constituyen la parte biográfica de Wesley.

La segunda parte está dedicada a explorar algunos de los conceptos más importantes en la teología wesleyana. Aquí seguimos el mismo orden cronológico de la jornada espiritual de Wesley. Es decir, sigue el «orden de la salvación» de la misma forma en que Wesley da testimonio de su propia experiencia y que en muchas ocasiones utilizó para explicar su teología y noción de la vida cristiana. Por lo tanto, esta segunda parte está dedicada a analizar la condición de los seres humanos antes y después de la caída, los efectos del pecado original en el mundo y particularmente en la vida de los seres humanos. También encontraremos la importante y desafiante posición de Wesley —que lo distingue de los teólogos calvinistas— respecto a lo que de alguna manera denominó la gracia universal de Dios y que capacita a todo ser humano (sin importar su condición física, social o espiritual) para recibir o rechazar la invitación divina para gozar de la salvación. Más adelante encontraremos una explicación detallada de la importancia e implicaciones teológicas de lo que ocurre en la vida del creyente al momento de aceptar la salvación que Dios ofrece por medio de su Hijo Jesucristo. La santidad y la perfección cristiana serán un tema básico. La santidad y perfección cristiana, que por cierto Wesley utiliza como sinónimos, serán explicadas como parte del orden de la salvación; y luego exploraremos las implicaciones de una vida santa en el ámbito personal y el social. Finalmente presentaremos las diferentes formas en que Wesley se convierte en un amigo y aliado del pueblo hispano en Estados Unidos, de las congregaciones que se identifican como «iglesias de santidad», y de la gente necesitada. Aquí señalaré los puntos de intersección entre estos grupos y Wesley, además de sugerir expresiones prácticas y tangibles por medio de las cuales podemos dar testimonio de nuestra herencia wesleyana y buscar la renovación de nuestro ser, de la congregación y de la sociedad en general.

Mi deseo es que a través de las páginas de este libro podamos conocer más a fondo la vida y ministerio de Juan Wesley, y con ello nuestras vidas experimenten esa misma transformación que él tuvo, pero dentro de nuestro tiempo y contexto. Esperamos que al conocer más de Wesley y su teología, nuestra mente y corazón sean llevados cada vez más a conformarse a la imagen y estatura de Cristo, nuestro ejemplo supremo. Y también que de esta manera podamos vivir una vida santa, una vida que agrade a Dios, que busque la armonía con amigos, enemigos y con quienes nos rodean, que busque el bienestar social promoviendo la ayuda y servicio a los pobres.

Dios quiera que podamos encontrar un amigo en Juan Wesley, y que su ejemplo de entrega y dedicación al Señor nos lleve a tener una amistad profunda con Dios, su pueblo y su creación.

NOTAS
[1] Charles Taylor, *Sources of the Self: The Making of the Modern Identity* (Cambridge: Harvard University Press, 1989), p. 96 (mi traducción).

PRIMERA PARTE:
Vida y ministerio de Juan Wesley

Capítulo 1
El contexto social y familiar de Juan Wesley

A. *El contexto social de Inglaterra en el siglo XVIII*

Antes de entrar en los detalles de la vida y obra de Juan Wesley, es importante conocer la situación política, económica y religiosa vigente en la Inglaterra del siglo XVIII, ya que fue bajo esas circunstancias que el fundador del metodismo creció, vivió y ministró a miles de personas.

La vida de Juan Wesley se extendió prácticamente a todo lo largo del siglo XVIII, y fue durante ese tiempo que Inglaterra experimentó grandes cambios que, a la larga, también afectarían al mundo entero. El principal de esos fenómenos sociales ahora es conocido como la Revolución Industrial. A pesar de que ésta llegó a su apogeo a principios del siglo XIX, algunos eventos y condiciones anteriores fueron determinantes para que se diera este cambio social y económico. Uno de esos factores fue la explosión demográfica. En 1701 la población de Inglaterra era aproximadamente de 5 millones de habitantes. A finales del siglo esta cifra se incrementó casi al doble, a más de 9 millones de habitantes. Como es natural, el crecimiento demográfico ocasionó problemas de vivienda, de alimentación, de escasez de trabajo y, finalmente, de pobreza extrema para la mayor parte de la población.

Lo interesante y contradictorio de esta situación es que, a la vez que la población se duplicó creando serios problemas sociales, el Reino Unido de Inglaterra también experimentó un gran desarrollo y se convirtió en una de las más grandes potencias económicas de la época y del mundo. Debido a su expansión, el Reino Unido tenía colonias en América, India, África, el Caribe, Canadá, Nueva Zelanda y Australia. El comercio entre las colonias y el Reino Unido propició que la economía inglesa creciera a pasos agigantados, y lo hizo de tal manera que a mediados del siglo XVII la industria textil y el comercio marítimo prácticamente estaban dominados por los ingleses. Fue durante este tiempo que el imperio inglés también se hizo cargo de otro tipo de comercio: la venta de esclavos. Puesto que Inglaterra contaba con una amplia flota de barcos (privados y del gobierno), y puesto que prácticamente tenía colonias establecidas en todo el mundo, los esclavos proveían «mano de obra barata», o sin costo alguno, en lugares de alto riesgo y/o desempeñando tareas peligrosas que nadie más estaba dispuesto a realizar.

Mientras tanto, y debido al crecimiento de la industria textil, en lugar de cultivar granos comestibles, verduras y frutas, muchos de los propietarios de tierras comenzaron a usarlas primordialmente para criar ovejas y vender la lana que la industria textil demandaba. Este cambio en el uso de las tierras agrícolas y en la economía propició que los trabajadores agrícolas perdieran su única fuente de ingresos y trabajo y tuvieran que abandonar el campo para buscar empleo en ciudades cercanas y alquilarse como trabajadores manuales en fábricas de productos textiles.

Durante el siglo XVIII, y el tiempo que vivió Juan Wesley, el gobierno monárquico tuvo cuatro líderes principales: La Reina Ana, que se distinguió por su búsqueda de placeres personales y por lograr la consolidación del Reino Unido (entre Gran Bretaña y Escocia); Jorge I, quien prácticamente dejó el gobierno del reino a sus ministros; Jorge II, quien públicamente declaró que tenía un gran desagrado por los asuntos de política; y finalmente, Jorge III, quien asumió el trono a la edad de veintidós años y cuyo gobierno se caracterizó por ser modesto y no pretender tener dominio sobre Francia. A pesar de las diferencias políticas y de liderazgo de estos monarcas, el común denominador de los cuatro gobernantes es que ninguno de ellos mostró interés en ayudar a la gente común y pobre, y que se mostraron totalmente indiferentes a los cambios sociales y económicos que el reino estaba experimentando. El único deseo de los monarcas era satisfacer sus deseos egoístas de fama, poder y riqueza. Esto fue posible debido al creciente comercio textil y de esclavos con las colonias.

De igual manera el Parlamento inglés, responsable de los procesos legislativos, se había convertido en un aliado de la monarquía y aprobaban políticas y propuestas económicas que permitían los lujos extravagantes de los monarcas. El Parlamento constaba de dos partidos: los *Tories* que creían que los monarcas tenían derecho divino para gobernar y por lo tanto apoyaban a los reyes (cabe decir que Juan Wesley siempre estuvo afiliado con estos); y, por el otro lado, los *Whigs* quienes a pesar de que apoyaban el sistema monárquico, también abiertamente manifestaban sus críticas en contra de él, además de que negaban la designación divina de los monarcas para gobernar el reino.

En una situación político-social como esta, uno podría pensar que la iglesia sería la institución que representaría la voz de la oposición y proclamaría la justicia social. Sin embargo, la Iglesia Anglicana —la iglesia oficial de Inglaterra— que contaba entre sus miembros al 90% de la población del reino, se unió a la monarquía y Parlamento en lugar de representar una alternativa para el pueblo. Esto, por supuesto, resultó en un apoyo incondicional al sistema monárquico y las leyes propuestas por el Parlamento. Esta unión y apoyo es fácil de entender porque la iglesia era reconocida por el gobierno y gozaba de un lugar prominente en la sociedad. Tanto, que los obispos anglicanos eran miembros del Parlamento al igual que los latifundistas y personas adineradas (pero del cual se excluía a los católicos y disidentes). Era por esta razón que los obispos miembros del Parlamento se encontraban más preocupados por su posición política que por el bienestar de las parroquias y sus pastores. Así pues, muchos de ellos se ausentaban de sus responsabilidades episcopales varios meses al año para ocuparse en reuniones y asuntos relacionados con el Parlamento.

La influencia y poder de la Iglesia Anglicana incluso llegaba a la mayoría de las universidades, pues tanto las posiciones administrativas como de los profesores eran nombrados por los obispos. Así pues, esos puestos se obtenían por favores políticos, por conexiones estratégicas, o por medio de regalos en dinero en efectivo. A pesar de estas condiciones de indiferencia y avaricia, había pastores anglicanos que tenían deseos de servir a las necesidades materiales y espirituales del pueblo, además de proveer ayuda a los congregantes afectados por los cambios económicos que se estaban dando en ese tiempo. La iglesia no impidió los esfuerzos y la obra de estos pastores, pero tampoco se les reconoció o apoyó. Para ponerlo sencillamente, la iglesia les concedía la libertad a sus pastores para desarrollar ministerios de ayuda, pero sin apoyo oficial.

Fue bajo estas condiciones que Juan Wesley creció y fue educado, y es el contexto social que nos servirá como marco de referencia para entender la posición teológica de Juan Wesley y, más adelante, del movimiento llamado metodista. También nos ayudará a valorar y entender mejor el trabajo de Wesley que, en muchas ocasiones, iba en contra de las creencias y tendencia populares de su época. Sin embargo, además de la influencia del contexto social en la formación ministerial de Juan Wesley, también hay que considerar la que recibió de su propia familia. Y este será nuestro tema de estudio en la próxima sección.

B. La familia Wesley

A pesar de que la vida y obra de Juan Wesley han sido objeto de múltiples estudios y libros, relativamente la vida de sus padres y abuelos ha sido poco estudiada. Por eso es importante dedicar unos momentos para conocer más a los antepasados de Juan Wesley, no sólo por la escasez de información sobre ellos, sino también porque cada persona famosa, o no, es un producto de su contexto familiar. En este caso, la vida y obra de Juan Wesley, sin lugar a duda, fue profundamente influida por la educación-formación que le dieron sus padres, por la situación profesional de sus familiares, y por las creencias políticas y religiosas que mantenían. Conocer más sobre la familia de Juan Wesley nos ayudará a conocer y a entender mejor su vida y teología.

Juan Wesley fue el decimoquinto de diecinueve hijos que nacieron del matrimonio de Susana y Samuel Wesley. Para nosotros, esta cantidad de hijos es alarmante y, hasta cierto punto, una señal de irresponsabilidad. Sin embargo, en aquella época tener una gran cantidad de hijos no era algo fuera de lo normal. Al contrario, la mayoría de las familias deseaban tener tantos hijos como fuera posible por dos razones: en primer lugar, en una cultura agraria como la de Inglaterra a principios del siglo XVIII, la labor manual era esencial para el cuidado y la productividad de las cosechas familiares, así que entre más hijos había más seguridad y estabilidad económica para la familia; la otra razón consistía en que muchos de los recién nacidos morían casi al instante de nacer o durante su infancia. Esto le sucedió a la familia Wesley y nueve hermanos y hermanas de Juan murieron a una temprana edad. Son estos y otros detalles de la vida familiar que nos empujan a explorar a fondo la familia en que se formó Juan Wesley. Para comprender mejor la siguiente sección se ha preparado el esquema del árbol genealógico de Juan Wesley al final de este capítulo.

Susana Annesley y Samuel Wesley fueron los padres de Juan Wesley. Ellos contrajeron nupcias el 12 de noviembre de 1688, a la edad 19 y 26 años respectivamente. Susana era la hija de un teólogo muy distinguido entre los puritanos, Samuel Annesley (1620-1696), quien desde la edad de seis años leía veinte capítulos de la Biblia diariamente, y fue respetado en los círculos puritanos por su elocuencia al predicar y por lo que escribía. A pesar de ser puritano recibió su ordenación como ministro de la Iglesia de Inglaterra, a la cual renunció en 1662, para luego iniciar una congregación independiente. Se casó dos veces y tuvo veinticinco hijos de los cuales se cree que veinticuatro fueron con la madre de Susana, cuyo nombre y datos personales se desconocen. De los familiares de Susana sólo sabemos que su abuelo materno fue Juan White, un abogado puritano distinguido en la sociedad inglesa que sirvió como representante por Southwark en el Parlamento. Juan White fue conocido por haber expuesto y denunciado la inmoralidad en que estaban viviendo cien clérigos de su jurisdicción. Los abuelos paternos de Susana fueron el Rev. Juan y Judith Anslye. Juan Anslye murió cuando el padre de Susana, Samuel, tenía cuatro años.

Dada la condición privilegiada de su padre, Susana Annesley recibió una educación excelente, que comprendía filosofía, teología y varios idiomas. Esto hizo de Susana una mujer independiente, no sólo en el ámbito social, sino en el teológico también. En lugar de seguir las normas establecidas por la sociedad con respecto a someterse a las ideologías y la teología establecidas, antes de tomar una decisión Susana dedicaba tiempo a estudiar las tradiciones e implicaciones teológicas de cualquier asunto en cuestión. Esto es evidente en su teología de la iglesia, ya que después de examinar las bases y fundamentos teológicos de la familia Annesley, Susana decidió abandonar la iglesia independiente de su padre para hacerse miembro de la iglesia oficial, la Iglesia Anglicana. De igual manera, en cuestiones de política, Susana era de tendencia Jacobita, posición que desafiaba la autoridad de la dinastía real que gobernaba en aquella época, a la cual la familia de Susana apoyaba fielmente.

Con respecto a Samuel Wesley se sabe que su padre fue el Rev. Juan Westley, quien a pesar de haber estudiado en la famosa Universidad de Oxford y ser evangelista de la Iglesia Anglicana, nunca recibió la ordenación como ministro, lo que lo hizo un laico predicador e itinerante. Debido a esta posición, el abuelo de Juan Wesley viajaba constantemente y pronto se dio cuenta de las condiciones sociales y económicas en las que vivía la mayoría de los habitantes del reino. Esta fue una de las razones por las cuales Juan Westley abrazó ideales revolucionarios que lo llevaron a protestar en contra de la iglesia y el gobierno. Por esta razón lo encarcelaron cuatro veces, en las cuales también fue torturado. Una vez puesto en libertad, se le prohibió predicar en las iglesias anglicanas, prohibición que aceptó y obedeció. Sin embargo Juan siguió predicando, pero ahora lo hacía al aire libre y cerca de las iglesias que había pastoreado anteriormente. Debido a los encarcelamientos y otras enfermedades el Sr. Juan Westley, abuelo del padre del metodismo, falleció a la edad de cuarenta y dos años, dejando varios hijos de corta edad al cuidado de la madre. De la madre de Samuel se desconoce el nombre, pero se sabe que era sobrina del Dr. Thomas Fuller, quien fue capellán del Rey Carlos II. De los abuelos maternos de Samuel, sólo conocemos que el abuelo fue Juan White de Dorchester, que curiosamente lleva el mismo nombre que el abuelo materno de Susana, aunque obviamente no son la misma persona. El abuelo paterno fue Bartolomeo Wesley, quien estudió en Oxford, y la tradición dice que murió con gran tristeza por la posición e ideas que su hijo Juan había tomado.

Debido a las decisiones y posición que su padre tomó, Samuel Wesley creció con escasos recursos y desde muy temprana edad tuvo que valerse por sí mismo. Después de haber renunciado a las creencias de su familia, decidió ingresar a la Universidad de

Oxford, en la cual se preparó para ser ministro ordenado de la Iglesia Anglicana. Debido a su buen desempeño como estudiante y la excelencia de sus escritos, Samuel fue nombrado rector de la iglesia anglicana en Epworth en 1696, posición en la que sirvió hasta su muerte en 1735. Samuel Wesley, a diferencia de sus antepasados, estaba convencido que la Iglesia Anglicana y el gobierno real inglés estaban establecidos por Dios y por lo tanto mantenía su promesa de obediencia y lealtad a esas instituciones políticas y religiosas. Susana, sin embargo, quien fue criada en un ambiente puritano, no estaba del todo convencida de la lealtad al gobierno inglés. De hecho, esta diferencia de pensamiento la llevó a separarse de su esposo Samuel, aunque se reconciliaron después de vivir separados casi por un año. Varios historiadores creen que Juan Wesley es el producto de la reconciliación y re-encuentro entre Samuel y Susana después de esa separación. A pesar de la reconciliación, Susana se mantuvo firme en su posición y nunca dejó de pensar que la lealtad al gobierno y a la iglesia no implicaba dejar de buscar cambios internos o dejar de desafiar algunas de las costumbres y tradiciones.

La vida de la familia Wesley en Epworth, donde los hermanos y hermanas Wesley crecieron, fue excepcional en más de una manera, debido a la dedicación de su madre Susana, la cual se propuso educar a sus hijos de una forma ejemplar. Por lo tanto, la educación de sus hijas e hijos fue la tarea principal de Susana, y a través de ella transmitió sus conocimientos y mentalidad independiente a todos sus hijos. Adicionalmente, Susana hizo estudios en educación para buscar los mejores métodos de instrucción y utilizarlos con su familia. De esta manera, el horario y la vida en general de la familia Wesley estaban sujetos a una disciplina rigurosa, de tal forma que Susana mantenía control y organización de tan numerosa familia. Susana no sólo estaba preocupaba por la habilidad intelectual de sus hijos, sino también por su crecimiento espiritual. Por ejemplo, al enseñar a leer a cada uno de sus hijos e hijas, el texto de lectura siempre fue la Biblia. Además, cada semana Susana pasaba cuando menos una o dos horas conversando con cada uno de sus hijos acerca de la importancia de las virtudes cristianas y de cómo desarrollar un carácter cristiano firme en un mundo de perversidad. También les enseñaba oraciones clásicas y sencillas, les explicaba con palabras fáciles de entender las diferentes posiciones teológicas y de controversia. Los estudios y métodos de enseñanza bíblica que Susana empleaba con su familia pronto adquirieron fama y reconocimiento entre los habitantes de Epworth, tanto que cuando un día Samuel se encontraba de viaje, varias personas de la rectoría de Epworth le pidieron a Susana que les enseñara de la Biblia y teología como lo hacía con sus hijos. Muy pronto, vecinos, adultos, y niños comenzaron a asistir con regularidad a la «cocina de Susana» para aprender de ella. El número de este grupo llegó a crecer hasta cerca de doscientas personas, muchas más de las que Samuel tenía en su parroquia durante el servicio dominical. Este éxito de Susana desagradó al supervisor de Samuel, quien le escribió una carta pidiéndole que le dijera a su esposa que dejara de hacer este tipo de reuniones que iban en contra de la tradición y buen nombre de la Iglesia Anglicana. Samuel rehusó a esta petición y por lo tanto los estudios bíblicos en la «cocina de Susana» fueron de gran bendición para todos los asistentes.

Bajo este tipo de circunstancias y dinámica familiar es que encontramos a la familia Wesley. El resultado de esa formación fue que diez de los diecinueve integrantes de la familia Wesley que sobrevivieron la infancia y llegaron a ser adultos, desempeñaron diferentes profesiones y ministerios. El primogénito, Samuel, fue ministro ordenado de la Iglesia Anglicana y mantuvo una buena relación con su hermano Juan, lo cual es evidente en la correspondencia entre ellos. De las siete hermanas Wesley, en orden cronológico, nos encontramos con Emilia, Susana, Mary, Mehetabel, Anne, Marta y Kezia. Todas ellas, debido a la preparación académica proporcionada por su madre, tuvieron vidas más difíciles y complicadas que el común de las mujeres de su época. Emilia se casó con Roberto Harper, un farmacéutico itinerante, y tuvieron una hija. Susana contrajo nupcias con Ricardo Ellison y tuvieron cuatro hijos. Mary se casó con el Rev. Juan Whitelamb, pero lamentablemente ella y su bebé murieron al momento del alumbramiento. Mehetabel contrajo matrimonio con Guillermo Wright, y todos sus hijos murieron al nacer. Anne se casó con Juan Lambert y sólo tuvieron un hijo. Marta y Westley Hall se casaron y tuvieron diez hijos, pero sólo uno sobrevivió, y el resto murió en la infancia. Kezia, la menor, nunca contrajo matrimonio. De los hermanos de Juan, sin duda el más famoso es Carlos, quien se convirtió en el gran himnólogo del movimiento metodista y que al igual que sus otros dos hermanos fue ordenado como ministro en la Iglesia Anglicana. Carlos se casó con Sara (Sally) Gwynne y tuvieron ocho hijos, de los cuales sólo tres sobrevivieron. El primogénito llevó el nombre de su ilustre tío, Juan. El hermano mayor de los Wesley, Samuel, contrajo matrimonio con Ursula Berry, con quien tuvo seis hijos, de los cuales cuatro murieron en la infancia y dos en la adolescencia. Obviamente al matrimonio de Juan Wesley y su vida amorosa le dedicaremos tiempo y espacio más adelante.

Es en esta familia que encontramos al fundador del movimiento metodista, y a pesar de que esta descripción de su familia es breve, es fácil darse cuenta de cómo este contexto familiar tuvo gran influencia en Juan y en el movimiento metodista. Por ejemplo, ahí tenemos el ministerio de los predicadores laicos, como lo podemos ver en su madre y su abuelo paterno; la importancia del desarrollo del carácter y virtudes cristianas mediante conversaciones privadas y personales, como lo hacía Susana con sus hijos; la importancia de una buena educación para la superación y estima personal, que Susana enfatizaba constantemente; también encontramos la importancia de una vida piadosa pero a la vez siguiendo una disciplina rigurosa y estricta, lo cual fue evidente en la familia Wesley; la capacidad para enfrentar las tragedias familiares e interpretarlas como actos providenciales en lugar de entenderlas como hechos predestinados por Dios, sin duda jugaron un papel importante en la orientación arminiana que Juan tomó y defendió durante todo su ministerio. Por estos y muchos otros aspectos podemos decir que la familia Wesley fue la cuna del metodismo.

C. La infancia y juventud de Juan Wesley

Juan Wesley nació el 17 de junio de 1703, pero su nacimiento se celebra el 28 de junio. Esto es debido a que Inglaterra aceptó el calendario gregoriano en 1752, lo cual ocasionó que 11 días, del 2 al 14 de septiembre, fueran excluidos del año 1752. Por lo tanto Wesley reajustó su fecha de nacimiento del 17 de junio al 28 de junio, añadiéndole 11 días. Como ya se ha mencionado, Juan fue el decimoquinto[1] hijo de la familia Wesley, y el segundo en ser nombrado Juan. El primer «Juan» fue el décimo hijo, y murió poco después de haber nacido. La infancia del «segundo» Juan fue primordialmente al lado de su madre la cual, al igual que lo hizo con sus hermanos y hermanas, a temprana edad lo instruyó en las enseñanzas básicas de la época y de igual manera le guió a una madurez espiritual. Sin embargo, la infancia de Juan Wesley no estuvo exenta de sufrimientos. A pesar de la educación y posición de Samuel, la familia Wesley no vivió con lujo ni comodidades. Tampoco vivían en pobreza extrema como una gran parte de la población de Inglaterra. Quizás podríamos decir que la familia Wesley pertenecía a lo que hoy sería una familia de clase media baja. No obstante esta condición, dado al número de los integrantes de la familia, en varias ocasiones y por tiempo prolongado la escasez de algunos recursos fue inevitable. No sólo esto, sino que Samuel al morir tenía grandes deudas, por lo cual es fácil deducir que la familia Wesley enfrentó dificultades económicas.

Además de los problemas de índole económica, la familia Wesley sufrió la muerte de dos pares de gemelos. El segundo par prácticamente murió al nacer. Del primer par sabemos que uno de ellos vivió dos meses y el otro catorce meses. Otra tragedia que sacudió a la familia Wesley fueron dos incendios en la casa pastoral de Epworth. Del primer incendio se desconocen las causas y se cree que fue un accidente pero del que nadie resultó lesionado y la destrucción del hogar fue mínima. Se cree que el segundo incendio fue iniciado por miembros de la misma parroquia de Samuel para demostrar el disgusto que le tenían y para promover un cambio pastoral. Este segundo incendio tuvo un gran impacto en la vida de Juan Wesley, porque más tarde lo interpretaría como un acto de la providencia divina. Este incendio ocurrió el 9 de febrero de 1709, y pudo haber ocasionado la muerte de todos los miembros de la familia Wesley. Sin embargo, sobrevivieron gracias al valor de Samuel y Susana, los cuales literalmente lucharon en contra de las llamas y después de sufrir quemaduras en sus manos y cuerpos lograron rescatar a todos sus hijos. Sin embargo, todavía había un pequeño Wesley dentro del hogar que ahora ya estaba envuelto en llamas. Samuel intentó volver a entrar a la casa para rescatar a Juan que se había quedado dentro, pero fue imposible. Con tristeza y resignación encomendó el alma de Juan a Dios. Fue en ese mismo momento que Juan se asomó por una de las ventanas para pedir ayuda; dos hombres pronto acudieron a su llamado, y subiéndose uno sobre los hombros del otro alcanzó a Juan y lo sacó por la ventana justo antes de que el techo se desplomara destruyendo la casa. Cuando Juan fue dado a su padres, Samuel le tomó en los brazos y exclamó: «Arrodillémonos, vecinos, y rindamos gracias a Dios. Él me ha dado a mis hijos. ¡Quémese la casa enhorabuena! Ya soy bastante rico». A pesar de que Juan Wesley tuvo esta experiencia a la edad de cinco años, nunca la olvidó; y prueba de ello es que en uno de sus autorretratos redactó la siguiente pregunta: «¿No es éste un tizón arrebatado del incendio?»

Desde pequeño Juan siempre fue un niño adelantado a su edad y dedicado al estudio de la Biblia, tanto que su padre Samuel consideró que a pesar de su corta edad, Juan tenía el conocimiento y la madurez necesaria para recibir la Santa Comunión y le permitió participar de ella a la edad de ocho años. Además, su madre testificaba de esto y en sus diarios frecuentemente se refería a Juan como un niño con la madurez espiritual de un adulto y con una mente cristiana incomparable. Según ella, Juan nunca tomaba una decisión sin antes orar y reflexionar por un largo tiempo. Sin lugar a duda la educación que le impartió Susana influyó en el carácter del pequeño Juan. Esta influencia, al menos de forma directa, llegó a su fin cuando Juan, auspiciado por el duque de Buckingham, ingresó a la renombrada escuela Charterhouse de Londres a la edad de diez años. Esta escuela tenía un gran prestigio y se distinguía porque sus graduados obtenían la entrada a la Universidad de Oxford. Una vez que Juan inició sus estudios en Charterhouse, en correspondencia con su madre, Juan le confiesa que estudiar en una escuela donde la mayoría de los alumnos provienen de las familias más adineradas de la sociedad inglesa no fue fácil. A pesar de ello, Juan pudo continuar y terminar con sus estudios en Charterhouse. Al egresar en 1720, a la edad de diecisiete años, se inscribió en el colegio Christ Church, en Oxford.

Los siguientes cuatro años en este colegio fueron de gran importancia para la formación espiritual y personal de Juan Wesley. Durante ese tiempo, estudió literatura clásica y moderna, historia, griego, biología (Juan siempre tuvo el deseo de ser médico) y teología. En el campo de la teología dos autores fueron cruciales en la formación espiritual y el carácter ministerial de Juan Wesley. De Tomás Kempis y su libro sobre *La Imitación de Cristo*, Wesley aprendió que la importancia y esencia de la religión se encuentran en el corazón de las personas, y que el corazón gobernado por Dios es el que debe regir todos los aspectos de la vida. Por lo tanto, y siguiendo las instrucciones de Kempis, Juan se dedicó a orar y meditar en las Escrituras una o dos horas diarias, a promover una vida piadosa más efectiva y a tomar la Comunión cuando menos dos veces por semana. De Jeremías Taylor, y su *Reglas para vivir y morir santamente*, Wesley aprendió a valorar la importancia de la vida santa que tiene implicaciones más allá de una vida personal recta y justa. Para Taylor, la santidad cristiana tiene aplicación en las relaciones interpersonales entre cristianos y con gente no cristiana. Wesley recibió estas formas de pensar con gran agrado.

A pesar de la admiración que Wesley tenía por estos autores, siguiendo la costumbre evidente desde su niñez, no seguía ni creía todo lo afirmado por estos u otros autores sin antes reflexionar, estudiar, comparar con la Biblia, y orar antes de tomar una decisión con respecto a su posición teológica. Por ejemplo, Wesley mostró gran preocupación con respecto a la aparente afirmación de Kempis de que una porción de los seres humanos fue destinada para condenación desde antes de la fundación del mundo. Desde esta temprana edad y por el resto de su vida Wesley siempre estuvo en contra de esta posición teológica, en particular porque niega la posibilidad de salvación para todo ser humano. De Taylor le preocupaba la afirmación de que el cristiano no podía tener seguridad de haber obtenido el perdón de Dios. A este respecto, en una carta, Juan Wesley le escribió a su madre donde muestra su preocupación al decirle:

> Si moramos en Cristo y Cristo en nosotros, lo cual él no hará hasta que estemos renovados, ciertamente nosotros deberíamos ser sensibles a ello.
>
> … Ahora si no podemos tener nunca la seguridad de estar salvos, entonces buena razón sería que pasemos todo momento no en gozo sino en temor y temblor, *entonces indudablemente en esta vida somos los seres más dignos de conmiseración de todos los hombres* (1 Cor. 15:19).[2]

Este tipo de reflexión y análisis teológico sin lugar a duda reflejan la educación que Wesley recibió en su hogar, pero también muestran señales que anticipan un ministerio y vida dirigidos por una cuidadosa unión entre la piedad y la teología. Al mismo tiempo marcan los inicios de su jornada espiritual por la búsqueda de la certidumbre de su salvación. Si bien es cierto que a esta temprana edad Wesley afirma la posibilidad de alcanzarla, sin embargo, la experiencia de obtenerla no se dio sino hasta mucho más adelante en su vida.

Después de su graduación del colegio Christ Church, Juan Wesley decidió seguir los pasos de su padre y su hermano mayor y, por lo tanto, inició el proceso para buscar la ordenación como ministro de la Iglesia Anglicana. Su candidatura fue recibida con agrado por los oficiales de la Iglesia y fue ordenado diácono el 19 de septiembre de 1725, a la edad de veintidós años. Días después predicó su primer sermón en un pequeño pueblo llamado South Leigh. A pesar de su ordenación como diácono, Juan Wesley prefirió quedarse en Oxford y predicar en diferentes iglesias sin tener que aceptar una congregación en particular bajo su cargo y cuidado. Meses más tarde, en marzo de 1726, Wesley recibió una beca para asistir al colegio de Lincoln en Oxford. Gracias a esta beca, pudo continuar con sus estudios y a la vez predicar en diferentes iglesias, entre las cuales se encontraba la parroquia de su padre en Epworth. Durante este periodo Juan estudió detenidamente el libro titulado *Perfección Cristiana y su Llamamiento*, escrito por Guillermo Law. Para este entonces el tema de la perfección cristiana era ya central en la vida espiritual de Juan Wesley. Por esta razón, y en su búsqueda de la perfección cristiana, Juan Wesley gastaba sólo lo necesario y el resto lo dedicaba para ayudar a gente con necesidad económica, oraba cuando menos dos horas diarias, se dedicaba al estudio de la Biblia en los idiomas originales de una manera diligente, tomaba la Comunión con frecuencia, y trataba de llevar una vida piadosa rigurosa.

Quizás como parte de su constante búsqueda por obedecer la voluntad de Dios o quizás para corresponder al apoyo y cuidado de sus padres, Juan Wesley aceptó trabajar al lado de su padre en la parroquia de Epworth. Así que desde agosto de 1727 fue a Epworth y permaneció allí hasta septiembre de 1729. De esta parte del ministerio de Juan Wesley se sabe poco, pero podemos notar que su experiencia como pastor en Epworth, su vida como hijo de pastor, el testimonio y relatos de su padre Samuel lo llevaron a buscar otro tipo de ministerio diferente al pastorado. No obstante, Juan Wesley recibió la ordenación de presbítero en la Iglesia

Anglicana el 22 de septiembre de 1728 en una ceremonia en Oxford.

Un año después, sin embargo, la vocación de Juan Wesley tomaría una dirección diferente que lo llevó a dejar la parroquia de Epworth y el pastorado al lado de su padre para regresar al colegio de Lincoln en Oxford, aunque en esta ocasión no sólo para tomar clases, sino también para impartirlas. Como becado en ese colegio, Wesley impartía clases de griego y estaba a cargo de supervisar los debates entre estudiantes. Tres meses después de asumir este cargo, recibió la Maestría en Artes otorgada por el colegio Lincoln. Para Wesley, haber llegado a tal altura en su carrera académica formal no significaba el fin de sus estudios. Al contrario, ahora con más tiempo y con más libertad, inició una vida de estudios rigurosos y metódicos en los que se dedicó a estudiar griego, hebreo, árabe, lógica, filosofía, metafísica, retórica, poesía y, por supuesto, teología. Por seis años se dedicó a esta tarea de estudio personal y al desempeño de labores académicas. Sus años en Oxford serán el tema de estudio de la siguiente sección de este capítulo.

D. Los inicios del metodismo: Los años en Oxford

Los inicios del trabajo de Juan Wesley como profesor en el colegio de Lincoln fueron un tanto controversiales. Al aceptar el cargo de catedrático de esta escuela, Juan «heredó» una docena de estudiantes de un profesor recién jubilado. Al poco tiempo estos estudiantes empezaron a quejarse de Wesley debido a sus exigencias y a lo estricto de sus métodos. Después de varios años el número de estudiantes a su cargo se redujo a cuatro. Ante esta situación creyó que estaba en lo cierto y que si los estudiantes lo habían abandonado era porque no tenían la suficiente madurez espiritual. Como sus estudiantes eran pocos, Wesley vio esto como una oportunidad y se dedicó a escribir y publicar varios libros. Entre ellos tenemos *Una Colección de Oraciones para cada día de la Semana*, *Un Tratado acerca de la Prudencia Cristiana*, y además tradujo el libro de Tomás Kempis *La Imitación de Cristo* del latín al inglés.

Por otra parte Carlos, el hermano de Juan, también había recibido una beca para asistir al mismo colegio al que Juan había asistido en Oxford. A diferencia de Juan, sin embargo, al iniciar sus estudios, Carlos no tenía un interés personal en la excelencia académica, ni tampoco las mismas aspiraciones que Juan. No fue sino hasta que Juan y su padre le escribieron cartas para exhortarlo y animarlo a que continuase en su preparación académica, que Carlos decidió tomar sus estudios con más seriedad y formalidad. La amistad y la correspondencia entre Juan y Carlos empezó a crecer y desarrollarse. Por ello Carlos no vaciló en confiarle a Juan sus pensamientos y mucho menos en pedirle consejos con respecto a su madurez espiritual. Juan respondió con agrado y asumió el papel de mentor y de hermano mayor. Juan le recomendó a Carlos que empezara a escribir un diario de sus actividades cotidianas y le sugirió la práctica de ejercicios espirituales, algo que Carlos siguió al pie de la letra. Bajo estas circunstancias es que los dos hermanos Wesley finalmente se reunieron en mayo de 1729.

En esta reunión, Carlos compartió con Juan su más reciente «buena obra» motivada por su deseo de agradar a Dios. Carlos le contó que ayudó a un jovencito con sus problemas personales y espirituales, que lo llevó a conocer el evangelio y a Cristo de una manera efectiva y personal. El testimonio de Carlos fue de gran impacto para Juan. Pero además de esta experiencia, Carlos le comentó a Juan de un círculo de amigos que se reunían periódicamente a orar, leer la Biblia, tomar la Comunión, y para compartir sobre su vida espiritual, ayudándose unos a otros. Sin lugar a duda esta conversación con Carlos llenó a Juan de gran admiración por su hermano. No sólo estaba impresionado por la madurez de su hermano, sino por los resultados de este pequeño grupo de cristianos en la vida de su hermano y de otras personas. El grupo de estos cristianos dedicados a la piedad y buenas obras estaba compuesto por Guillermo Morgan, Roberto Kirkman, y por supuesto Carlos Wesley.

A Wesley le impresionó tanto este grupo que en la primera oportunidad que tuvo se unió a él, lo cual hizo poco antes de iniciar su labor como profesor del colegio Lincoln. Casi de manera inmediata y dado al respeto que Carlos tenía por su hermano, el grupo le pidió a Juan que ocupara el liderazgo. Los integrantes del grupo, personas cercanas a ellos y otros miembros del colegio observaron que Juan le dio credibilidad y prestigio a este grupo, ya que era respetado entre sus colegas como un profesor destacado y un cristiano ejemplar. Con el ingreso y liderazgo de Juan también otras personas se unieron a este grupo. Entre los nuevos integrantes se encontraron Santiago Harvey, Benjamín Ingham, Juan Gambold, y Jorge Whitefield. Aun antes de que Juan se uniera a este grupo, otros estudiantes y personas de la comunidad se referían a este grupo usando apodos como «El Club de los Reformadores», «El Club de los Santos», «Los Sacramentistas», «Polillas de la Biblia», «Entusiastas», y «Metodistas». Este último apodo fue dado al grupo de amigos por utilizar un «método» riguroso y seguir actividades «metódicas.» A pesar de que los integrantes del grupo consideraron que este nombre no era apropiado, pronto los estudiantes y profesores del colegio empezaron a referirse a ellos como los «metodistas». Este nombre no era nuevo en el colegio, ya que anteriormente se había utilizado para describir a un grupo de médicos que creían y enseñaban que con un cierto «método», que incluía ejercicio y dieta determinadas, todas las enfermedades podían ser sanadas. Juan Wesley, como líder de este grupo, recibió el apodo de «El Padre del Grupo Santo». Pero obviamente, el apodo «metodistas» terminó siendo el nombre que ahora identifica a millones de cristianos que de alguna manera trazan su tradición e historia al ministerio de Juan Wesley.

Bajo el liderazgo de Juan, esta sociedad de amigos también empezó a tener más forma y prácticas regulares de ciertas actividades para promover la fe cristiana y expresar la piedad. Al inicio, el grupo se reunía los domingos por la tarde, luego decidieron reunirse dos veces por semana, y finalmente terminaron reuniéndose diariamente desde las seis de la tarde hasta las nueve de la noche. En estas reuniones el grupo siempre iniciaba con una oración, luego se dedicaban al estudio y lectura del Nuevo Testamento en griego. Después, antes de concluir la reunión, cada uno de los integrantes compartía con el grupo acerca de sus necesidades personales y espirituales, a lo cual el grupo respondía con sugerencias prácticas de cómo mejorar su relación con Dios y con los demás. Las reuniones siempre terminaban con una oración y con un plan específico de acción, muchas veces incorporando las sugerencias del grupo, para los días siguientes.

Con estas actividades el grupo continuó con el estudio de las Escrituras y un análisis retrospectivo de sus vidas hasta el 24 de agosto de 1730, cuando siguiendo la sugerencia del Señor Morgan, la sociedad decidió visitar a un hombre que se encontraba en la cárcel acusado de matar a su esposa. Esta visita les abrió los ojos a los integrantes de la sociedad y se dieron cuenta de la tremenda necesidad de testificar a los presos. La respuesta fue muy positiva y abierta al evangelio, y además esta práctica le dio un nuevo significado a sus jornadas espirituales. Así pues, desde ese día la sociedad decidió incorporar la visita a la prisión y a los enfermos como parte de sus actividades regulares y como una práctica de avivamiento espiritual.

Otro aspecto que el grupo empezó a enfatizar fue el uso de sus recursos económicos a la luz de la convicción de que cada uno de ellos era administrador de los recursos que Dios había puesto bajo su cuidado, incluyendo sus ingresos personales. Como líder del grupo, Juan Wesley decidió guiarlos de una manera ejemplar y para demostrar su calidad de administrador de los recursos divinos y para dar un ejemplo a la sociedad, se abstenía de todo tipo de lujos ya que consideraba que estos eran un robo a los pobres. Si después de haber provisto para sus necesidades, alguien invertía o compraba en lujos, este exceso era un robo a los pobres ya que como administrador de Dios uno debía de estar contento con tener lo necesario, y el sobrante de esos recursos Dios lo había designado para ayudar a los pobres. Por lo tanto, quien gastaba en lujos era un mal administrador y ladrón por no seguir los preceptos divinos. Así que los gastos personales de Juan Wesley se limitaban a lo absolutamente necesario, y todo lo que ahorraba lo dedicaba a los pobres.

El dinero no era el único recurso al que Juan Wesley prestaba atención especial para ser fiel administrador. El tiempo era otro de estos recursos. Por lo tanto, despertaba diariamente a las cuatro de la mañana, y de inmediato se dedicaba al estudio de las Sagradas Escrituras y a la oración. Después de esto se dedicaba a escribir en su diario sus reflexiones personales y cómo usaba el tiempo cada hora de su vida devocional. Wesley organizaba no sólo las horas matutinas de manera escrupulosa, sino también todo su día. Su horario diario siempre estaba organizado de tal modo que hasta el último minuto estaba destinado a buscar la manera de dar gloria a Dios y ser buen administrador del tiempo que Dios le había concedido. Por esta razón, y ya durante el crecimiento del movimiento,

Wesley le advierte a los miembros de la sociedad: «Ninguno tiene seguridad de cada día que vivimos y por lo tanto no es sabio desaprovechar ni desperdiciar el tiempo». Además, Wesley añadía que la manera —y en el caso específico para tratar de obtener conocimiento de una manera rápida— de usar el tiempo más provechosa era el siguiente:

1. Determinar con certeza qué tipo de conocimiento se desea.
2. Leer sólo libros que de alguna manera sirvan para alcanzar el conocimiento deseado.
3. De estos libros que sirven para alcanzar el conocimiento deseado, leer sólo los mejores en su área.
4. Terminar de leer un libro antes de empezar uno nuevo.
5. Leer todos los libros en un orden tal que el libro subsiguiente afirme e ilustre el libro precedente.

Finalmente, con respecto al uso del tiempo, Wesley les sugiere a los miembros de la sociedad que tomen la Comunión tan frecuentemente como les sea posible, y de esta manera estarán preparados en todo tiempo.

Durante sus años en Oxford Juan Wesley no sólo se dedicó a ser el líder de la «Sociedad de los Metodistas», como parte de sus responsabilidades como profesor del colegio también fue invitado a predicar en varias ocasiones en los servicios de la universidad. De estos sermones es importante mencionar el que predicó en 1733 y al que tituló «La circuncisión del corazón». En este sermón expuso de una manera sencilla y elocuente todo lo que era necesario para la salvación y la santidad y, al mismo tiempo, da respuesta a sus críticos de la universidad, que lo acusaban de tener una posición teológica errónea. Los colegas y estudiantes de Wesley se sorprendieron en gran manera al escuchar su exposición, no sólo por su elocuencia, sino también por su convicción y el tono desafiante del mensaje. De nueva cuenta, el testimonio y el ministerio de Wesley crearon controversia, pero al final trajeron consigo resultados y respuestas positivas para la comunidad y el colegio.

Finalmente, durante sus últimos años como profesor de Oxford, Wesley tuvo que tomar una decisión que fue crucial para el resto de su vida ministerial. El dilema tenía que ver con su vocación y con su compromiso familiar. La salud de Samuel, el padre de Juan, empezó a deteriorarse y por lo tanto no podía hacerse cargo de las tareas diarias propias de su trabajo en la parroquia de Epworth. Por esto Samuel le pidió a Juan que dejara Oxford y que tomara su lugar en la parroquia de Epworth, para que de esta manera él pudiera quedarse en la casa pastoral y tener un lugar donde él y Susana pudieran vivir. Juan respondió negativamente a esta petición con una larga explicación y con varios testimonios de su trabajo en Oxford, de su desempeño en la sociedad (la cual a estas alturas tenía sólo cinco integrantes, aunque en sus mejores momentos había alcanzado una membresía de veinticinco personas), y sus predicaciones en la universidad. Ante esa respuesta, Samuel acepta la explicación de Juan y le da su bendición para que continúe en el ministerio a que Dios le había llamado y que había sido de bendición para muchos. Al poco tiempo de que Juan escribió esa carta, su padre falleció en abril 25 de 1735, a la edad de setenta y dos años. Juan y Carlos, al igual que otros miembros de la familia, estuvieron al lado de Samuel durante los últimos momentos de su vida. Después de la muerte de su padre, Juan y Carlos se hicieron responsables por el bienestar de su madre y sus hermanas. Finalmente, meses después de la muerte de Samuel, «el club de los santos» que Juan había dirigido por más de seis años llegó a su fin cuando cada uno de sus integrantes tomó rutas ministeriales diferentes.

NOTAS
[1] El historiador metodista Frank Baker argumenta que Juan Wesley fue el decimocuarto hijo.
[2] *Obras de Wesley*, Tomo XII, Cartas, Tomo I, p. 22.

Árbol genealógico de Juan Wesley

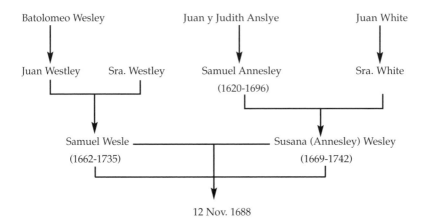

1. Samuel (1690-1739)
2. Susana (1691-1693)
3. Emilia (1692-1771)
4. Annesley (1694-1695)
5. Edediah (1694-1695)
6. Susana (1695-1764)
7. Mary (1696-1734)
8. Mehetabel (1697-1750)
9. Nombre desconocido, (1698-1698)
10. Juan (1699-1699)
11. Benjamin (1700-1700)
12. Gemelo, nombre desconocido (1701-1701)
13. Gemelo, nombre desconocido (1701-1701)
14. Anne (1702-17??)
15. Juan (1703-1791)
16. Hijo varón (1705-1705)
17. Martha (1706-1791)
18. Carlos (1707-1788)
19. Kezziah (1709-1741)

Capítulo 2
La experiencia del corazón ardiente: Avivamiento personal y comunitario

A. *Antecedentes: El viaje misionero a Georgia*

Después que el Club de los Santos se desintegró, Juan y Carlos exploraron diferentes opciones ministeriales. Una de estas opciones fue presentada a los hermanos Wesley por el Dr. Burton, quien trabajaba en uno de los colegios de Oxford y era uno de los administradores de una colonia inglesa (que luego recibiría el nombre de Georgia) recién fundada por ciento veinte inmigrantes bajo el liderazgo del General Jorge Oglethorpe. El Dr. Burton invitó a los hermanos Wesley a ir a esta colonia y trabajar como misioneros con los nuevos inmigrantes. Ante tal propuesta, Juan y Carlos consultaron con varias personas solicitándoles su ayuda y consejo, entre ellas su propia madre. Cuando sus hijos le compartieron sobre esta posibilidad, ella les contestó de inmediato y les dijo: «Si tuviera veinte hijos, me regocijaría en consagrarlos todos a la obra misionera, aunque estuviese segura de no volver a verlos nunca más». Ante tal respuesta, los hermanos Wesley decidieron aceptar la invitación y emprender el viaje y la obra misionera en el nuevo continente. Así que Juan se hizo miembro de la Sociedad para la Propagación del Evangelio y Carlos fue nombrado secretario del Gobernador de Georgia, el General Jorge Oglethorpe. Se instaló a Carlos en esta posición la noche anterior del viaje. Finalmente, el 21 de octubre de 1735, Juan y Carlos Wesley se embarcaron rumbo a Georgia en el barco Simmonds.

Durante la larga travesía los hermanos Wesley aprovecharon muy bien su tiempo libre. Juan aprendió a hablar y leer alemán mientras que Carlos escribió varios sermones. Además de esto, ambos continuaron de manera disciplinada con la rutina religiosa y devocional que habían establecido en Oxford. Siguiendo sus costumbres y prácticas religiosas de Oxford, ambos se levantaban a las cuatro de la mañana para orar en privado, y luego de cinco a siete estudiaban la Biblia juntos. A las ocho tomaban un desayuno sencillo. Después dirigían un servicio público al cual todos los pasajeros y tripulación eran invitados. El servicio era seguido por un tiempo de estudio personal y luego se reunían para compartir lo aprendido en sus estudios. Por la tarde se dedicaban a la tarea de evangelización, compartiendo las buenas nuevas del evangelio con los pasajeros, actividad que concluía con un breve servicio vespertino. Al final del día los hermanos Wesley se reunían, como parte diaria de este bien organizado horario, con un grupo de cristianos moravos. Este grupo de inmigrantes, de ascendencia alemana y con raíces en la tradición pietista alemana, ponía un gran énfasis en las expresiones prácticas que demostraban el amor al prójimo y a la vez una vida personal piadosa. Esta rutina diaria fue seguida prácticamente durante todos los días de viaje trasatlántico.

Un día, repentinamente la estricta rutina de los hermanos Wesley fue interrumpida por una severa tormenta que puso en peligro la estabilidad del barco en que viajaban. La fuerza de la tormenta y la inestabilidad del barco llevaron a muchos de los pasajeros a pensar que pronto se convertirían en náufragos y que la muerte sería inevitable. Juan Wesley no fue la excepción, y también pensó que su vida peligraba, por lo cual se llenó de temor y de inseguridad. Tanto así que tanto en su diario como en su correspondencia personal confesaría que estos sentimientos lo hacían sentirse avergonzado. Estos sentimientos de culpa y vergüenza se incrementaron al presenciar la actitud de los cristianos moravos que durante la tempestad permanecieron en calma y que a pesar del peligro no interrumpieron sus cantos ni su culto. Una vez que la tormenta pasó y la calma regresó, Juan Wesley le preguntó a uno de estos moravos si tuvieron miedo de morir durante la tormenta. La respuesta fue firme y clara: «¡Gracias a Dios que no! Ni siquiera nuestras mujeres y nuestros hijos». La tempestad, sus sentimientos de inseguridad y temor, aunada con la actitud de los cristianos moravos, llevaron a que Juan Wesley hiciera una revisión retrospectiva de su vida espiritual y su relación con Dios. Al final de su evaluación, concluyó que la fe de los moravos era superior a la de él y que ellos tenían una certidumbre de su salvación que procedía de Dios y que él no tenía. Todo lo ocurrido en este incidente llevó a Wesley a poner en tela de duda la madurez de su vida espiritual y preguntarse de una manera honesta sobre la seguridad de su propia salvación. Este tipo de inestabilidad espiritual y autoevaluación fueron cruciales y decisivas no solamente para Juan Wesley, sino para todos los seguidores que formarían el movimiento metodista más adelante.

Finalmente, después de casi cuatro meses de viaje, los hermanos Wesley llegaron a la costa de Savannah, Georgia, el 6 de febrero de 1736. Lo primero que hizo Juan Wesley fue dar gracias a Dios por su cuidado y protección durante el viaje y también pidió la ayuda divina para llevar a cabo su ministerio misionero en esta nueva tierra. Por lo tanto en agradecimiento a Dios, la primera acción que Juan Wesley tomó fue encaminada a buscar ayuda espiritual y ministerial para dar un buen inicio a su obra misionera de Georgia. Así que al día siguiente de su llegada a Georgia, hizo una cita con el pastor moravo Spangenberg, con el cual discutió las preguntas y temores que había experimentado durante la tormenta y le pidió consejo con respecto a sus nuevas responsabilidades misioneras. Durante este encuentro, el Pastor Spangenberg le hizo una serie de preguntas, entre ellas: «¿Tienes el testimonio de Dios en tu vida? ¿Da el Espíritu de Dios testimonio a tu espíritu de que eres hijo de Dios? ¿Conoces a Jesús? ¿Tienes la convicción que Jesús te ha salvado?» Wesley recibió estas preguntas con gran asombro, y a pesar de que pudo contestarlas de una manera educada y amable, en su diario escribió que sus respuestas habían sido vanas y que sin lugar a duda algo faltaba en su vida. Spangenberg y Wesley se mantuvieron en contacto y desarrollaron una relación amistosa durante su estancia en Georgia.[1]

Wesley no inició su ministerio pastoral hasta casi un mes después de su llegada a Georgia. Por lo tanto continuó viviendo en su habitación a bordo del Simmonds junto con otros pasajeros, algunos de ellos moravos, por lo que su relación con este grupo se hizo más estrecha y dándole la oportunidad de aprender más de esa tradición. Al mismo tiempo, durante sus visitas al lugar donde iba a ministrar, Wesley de inmediato notó que no sería bien recibido y la falta de afecto de parte de los nativos de Savannah era evidente. Muchos eran indiferentes y otros hasta se molestaron por la presencia de Wesley en sus tierras. Esto era lógico puesto que los nativos de estas tierras habían sido desplazados por los nuevos inmigrantes y además les habían tratado de imponer nuevas costumbres y una nueva religión. Así pues, la reacción en contra de Wesley no era de tipo personal, sino una consecuencia social y la respuesta común a todo inmigrante. Durante sus visitas, Wesley también observó que Savannah era un pueblo relativamente pequeño con un poco más de 600 habitantes y con casas recién construidas de madera y materiales rústicos propios de este territorio. Fue en este lugar, y bajo estas circunstancias, que Wesley inició oficialmente su ministerio en Georgia el 7 de marzo de 1736.

El sermón inicial de su ministerio misionero en Savannah estuvo basado en el capítulo trece de la primera carta a los Corintios. Una gran cantidad de personas asistieron al primer servicio que Wesley organizó y dirigió. La gran mayoría de los asistentes eran inmigrantes de diferentes países de Europa. Después del servicio, Wesley entabló conversaciones con muchos de los nuevos inmigrantes, comunicándose con ellos en su propio idioma, gracias a su capacidad políglota (había aprendido y hablaba francés, italiano, griego, hebreo). Su amor a la gente y el talento para aprender otros idiomas fueron una marca especial del ministerio de Wesley en Georgia. Un claro ejemplo esto, aunado con su celo misionero, fue que Wesley aprendió castellano con el deseo de entablar conversaciones con algunos de los nativos de la región y con judíos españoles que moraban en la colonia y que, de acuerdo a Wesley, «estos parecían más cercanos al Espíritu que estaba presente en Cristo que en el de muchos de aquellos que le llaman Señor».[2]

Este celo misionero de Wesley no sólo se encuentra en su interés de establecer una relación personal con sus feligreses hablando el idioma nativo de ellos, sino también es evidente en su deseo de ministrar a las tribus de indígenas de Georgia. En varias ocasiones en sus escritos Wesley demostró una gran preocupación por el bienestar espiritual de los «Pieles Rojas», nativos aborígenes de Georgia, y también por la población de esclavos de esa colonia. Sin embargo, la preocupación de Wesley por estos dos grupos se redujo a lo meramente espiritual, y no alcanzó a vislumbrar las implicaciones políticas y sociales involucradas al ministrar y atender las necesidades de estas personas. Pese a su celo evangelizador y misionero, y su deseo de establecer relaciones personales con todos los grupos presentes en su comunidad, la excesiva rigurosidad de Wesley y las muchas demandas y exigencias que imponía a sus feligreses ocasionaron que muchos de ellos levantaran quejas en su contra. Las quejas principales de estos feligreses fueron que Wesley demandaba asistencia a muchos servicios durante la semana, que sus normas con respecto al vestido eran exageradas, y que quienes no seguían estas reglas eran severamente reprendidos.

Mientras Juan Wesley enfrentaba estos problemas en su ministerio en Savannah, Carlos también tenía los propios con su ministerio en la ciudad de Frederica, una pequeña comunidad que se encontraba aproximadamente a cien millas al sur de Savannah. A diferencia de Juan, Carlos se dedicó a trabajar con niños huérfanos a los cuales ofrecía educación formal y consejería espiritual. Al igual que Juan, a pesar de su dedicación a este trabajo, Carlos también encontró dificultades en su ministerio. En su caso, estas dificultades se suscitaron por razones políticas, ya que varias personas tenían envidia de su posición como secretario del gobernador y por esto buscaban la manera de difamarlo para que abandonara este puesto y su ministerio. La situación en Frederica empeoró de tal manera que Juan tuvo que ir a ayudar a Carlos y se hizo cargo de su empleo por cinco semanas. A pesar de la ayuda de Juan, las tensiones en Frederica no cedieron y Carlos decidió renunciar a su posición y regresar a Inglaterra en agosto de 1736, sólo algunos meses después de su llegada. Juan decidió quedarse en Frederica para continuar el ministerio de Carlos, pero en un corto tiempo se dio cuenta de que las dificultades del trabajo ministerial en esa región eran imposibles de resolver y el 26 de enero de 1737 abandonó Frederica y regresó a Savannah, para continuar la obra que había iniciado ahí.

A su regreso a Savannah, Wesley continuó su trabajo por casi dos años en los cuales enfrentó muchas dificultades y desilusiones, a pesar de su buen comienzo. Sus problemas y fracasos no sólo fueron de índole religiosa y ministerial, sino también personal. Una de estas frustraciones personales fue su fracaso amoroso cuando intentó contraer matrimonio con la señorita Sofía Hopkey, una joven que empezaba a asistir a la parroquia de Juan. A pesar de que ella tenía cierto interés en él, Juan decidió buscar la voluntad Dios al respecto «echando suertes». El azar dio una respuesta negativa, por lo que Juan dejó de cortejar a Sofía en obediencia a Dios, pero en su interior Juan todavía tenía sentimientos por ella. Poco tiempo después, y ante la indiferencia de Juan, Sofía contrajo nupcias con el Sr. Williamson. Meses después de que la señorita Sofía contrajo nupcias, Juan Wesley, debido a supuestas diferencias teológicas, le negó la Comunión a ella y su familia. Como consecuencia indirecta de su resentimiento en contra de la ahora señora de Williamson, tuvo problemas legales con varios de los líderes y administradores de la colonia de Georgia, los cuales le indicaron que sería mejor para él que se fuera de Savannah, ya que su presencia no era deseada. Wesley, convencido de que él tenía la razón, mantuvo una actitud rígida y demostró su frustración a las autoridades y su congregación. Estos incidentes aunados a la indiferencia de la gente aborigen de Georgia, ocasionaron que el ministerio de Wesley se viera seriamente deteriorado. Ante estas circunstancias decidió regresar a Inglaterra para reflexionar acerca de su vocación y buscar paz interior. Así que se embarcó de regreso a Inglaterra el 2 de diciembre de 1737.

B. La experiencia de Aldersgate: La transformación personal de Juan Wesley

Durante el viaje de regreso, Wesley no desaprovechó la oportunidad de compartir el mensaje del evangelio con el resto de los pasajeros tal como lo había hecho en su viaje a Georgia. Sin embargo, en esta ocasión dedicó más tiempo a la reflexión personal, a la evaluación de su vocación, su ministerio, y sus dudas personales con respecto a la muerte y la salvación. La siguiente cita en su diario refleja esta preocupación:

> Fui a América a convertir a los indígenas. Pero ¿quién me convertirá a mí? ¿Quién me librará de este corazón perverso e incrédulo? Tengo una hermosa religión de verano. Puedo hablar bien, y hasta creer, mientras no haya peligro cerca; mas cuando la muerte me mira a la cara, entonces mi espíritu se perturba. Tampoco puedo decir: «*Porque para mí el vivir es Cristo, y el morir*

es ganancia».... ¿Quién me librará de este cuerpo de muerte? ¿Qué haré? ¿A dónde escaparé?[3]

Cinco días más tarde de haber escrito lo anterior, Juan Wesley escribe otra autoevaluación de su estado emocional y espiritual en los siguientes términos:

Hace ya dos años y casi cuatro meses desde que dejé mi país natal para ir a enseñar el cristianismo a los indígenas en Georgia. ¿Pero qué he aprendido mientras tanto? Porque (lo que yo menos sospeché) yo fui a América convertir a otros, cuando nunca me había convertido a Dios. *No estoy loco, sino que hablo palabras de verdad y cordura....* Esto entonces lo he aprendido en los confines de la tierra, que estamos destituidos de la gloria de Dios, que todo mi corazón se ha corrompido e hizo abominable maldad, y consecuentemente mi vida entera (no puede el árbol malo dar fruto bueno) está apartada de la vida de Dios. Soy un hijo de la ira y heredero del infierno; mis propios esfuerzos, sufrimientos, y justicia están lejos de poder reconciliarme con un Dios ofendido. También lejos de poder expiar estos pecados que si los enumero se multiplican más que los cabellos de mi cabeza. Hasta el más aceptable de ellos necesita ser expiado, no puede resistir su justo juicio. Pero teniendo sentencia de muerte en mi corazón y no teniendo nada en mí o de mí que me justifique, no tengo esperanza sino de buscar y encontrar a Cristo, y ser hallado en él, no teniendo mi propia justicia, que es por la ley, sino la que es por la fe de Cristo, la justicia que es de Dios por la fe.[4]

Es claro que Wesley tenía serias dudas acerca de su bienestar espiritual y que, a pesar de su excelente preparación académica y teológica, de los principios cristianos que había aprendido de su madre, y de su propia experiencia pastoral, no estaba convencido de su salvación. Esta incertidumbre lo llevó a buscar personas que le pudieran brindar ayuda para encontrar respuestas y, sobre todo, a personas que con su testimonio pudieran demostrar que tenían certeza de su salvación. Por esta razón Wesley acudió a buscar auxilio con los moravos, ya que él mismo había sido testigo de cómo este grupo había enfrentado la muerte con gozo y su madurez espiritual fue evidente en medio del peligro.

Inmediatamente después de desembarcar en el puerto de Deal, Inglaterra, en febrero de 1738, Juan Wesley se dedicó a buscar a los cristianos moravos. Esta búsqueda lo llevó a Londres en donde encontró una pequeña comunidad de moravos que eran dirigidos por el ministro Pedro Böhler. Casi al instante Juan Wesley y Pedro Böhler iniciaron conversaciones de índole teológico y, con el tiempo, Wesley le confesó sus temores y dudas con respecto a su salvación. El pastor Böhler, con gran paciencia y con amor ejemplar, poco a poco empezó a dar respuestas a las preguntas y preocupaciones de Juan Wesley, quien escuchaba con atención y aprendía de la sabiduría de Böhler. A la vez que aprendía de él, Wesley también observaba y admiraba el carácter santo de este pastor moravo. Sin embargo, debido a su naturaleza inquisitiva y su carácter crítico, cuestionaba algunos puntos de los argumentos de Böhler. A ello Böhler respondía con gran respeto, pero en lugar de entrar en argumentos de tipo teológico con Juan, le recomendaba que se dedicara a estudiar por sí mismo los pasajes bíblicos claves sobre la certeza de la salvación. Wesley se sorprendió de la respuesta de Böhler y aceptó la invitación, por lo cual inició un estudio exhaustivo del Nuevo Testamento en griego, y también se dedicó a estudiar a los padres de la iglesia conocidos como místicos; ahí se dio cuenta de que los argumentos de Böhler eran muy similares a estos documentos históricos. Al final de un largo periodo de estudio y reflexión personal, escribió en su diario lo siguiente:

> Así que cuando Pedro Böhler, quien Dios me había preparado tan pronto llegué a Londres, afirmó que la verdadera fe en Cristo (que es una sola) tenía dos frutos inseparables de ella, *el dominio sobre el pecado y la paz constante que viene del sentido de perdón,* quedé bastante sorprendido y lo entendí como un evangelio nuevo. Si era así, estaba claro que yo no tenía fe. Pero yo deseaba estar convencido. Por lo tanto discutí con toda mi fuerza y trabajé para probar que la fe podría estar donde estos dos frutos no se diesen, especialmente cuando no había sentido de perdón ... Primero consulté la Escritura. Pero cuando aparté los comentarios humanos y simplemente consideré las palabras de Dios ... encontré que todos ellos (los pasajes bíblicos) estaban en mi contra y fui obligado a retirarme a mi último refugio, que la experiencia nunca concordaría con la interpretación literal de esas Escrituras. Me negué, por lo tanto, a admitir que fuera verdad hasta que encontrara algunos testigos vivientes.... Al día siguiente regresó (Böhler) con otras tres personas, todas testificando de su propia

experiencia personal de que una verdadera fe viviente en Cristo es inseparable del sentido de perdón por todo lo pasado y la libertad de todos los pecados presentes.... Ahora estaba completamente convencido. Por la gracia de Dios decidí buscar esa fe hasta el final.[5]

Obviamente el tono de estas palabras es mucho más positivo y con más esperanza que cuando viajaba de regreso a Inglaterra. Definitivamente la amistad, la paciencia, y las respuestas que Böhler le ofreció a Wesley tuvieron gran influencia en su cambio de actitud y vida.

Pero este cambio no estaba completo y Wesley, a pesar de que lo escrito en su diario demuestran más esperanza, todavía no había tenido una experiencia personal con Dios que lo llevara a tener certeza de su salvación. Esta experiencia no ocurriría sino hasta el 24 de mayo de 1738, tres meses después de haber conocido a Pedro Böhler. Este día fue excepcional y crucial en la vida de Juan Wesley y por lo tanto escribió con lujo de detalles los acontecimientos de este día que cambió su vida para siempre. Lo recuerda en su diario de la siguiente manera:

Pienso que fue alrededor de las cinco de la mañana (del miércoles, 24 de mayo de 1738) que abrí mi Testamento en aquellas palabras: *Nos ha dado preciosas y grandísimas promesas, para que por ellas llegaseis a ser participantes de la naturaleza divina* (2 Pedro 1:4). En el momento de salir abrí nuevamente el Testamento en aquellas palabras: *No estás lejos del reino de Dios.* Por la tarde me pidieron que fuera a la iglesia de St. Paul. El preludio fue: *De lo profundo, oh Jehová, a ti clamo. Señor, oye mi voz; estén atentos tus oídos a la voz de mi súplica. Si tú, oh Señor, miras a mis pecados, ¿quién podrá mantenerse? Mas hay misericordia en ti, por lo tanto serás temido.... Oh Israel, confía en el Señor, porque en el Señor hay y con él redención plena. Y él traerá redención a Israel de todos sus pecados.* En la noche fui de muy mala gana a una sociedad en la Calle Aldersgate, donde alguien estaba dando lectura al prefacio de la Epístola de San Pablo a los Romanos de Lutero. Cerca de un cuarto para las nueve de la noche, mientras él describía el cambio que Dios obra en el corazón a través de la fe en Cristo, yo sentí un extraño ardor en mi corazón. Sentí que confiaba en Cristo, sólo en Cristo para mi salvación, y recibí una seguridad de que él me había quitado todos mis pecados, aun los míos, y que me había *librado de la ley*

del pecado de muerte. Empecé a orar con toda mi fuerza por aquellos que ultrajaron y persiguieron en manera especial. Luego tes-
tifiqué abiertamente a todos los presentes lo que había sentido
por primera vez en mi corazón. No pasó mucho tiempo antes que
el enemigo surgiera: «Esto no puede ser fe, pues ¿dónde está tu
regocijo?» Entonces aprendí que la paz y la victoria sobre el
pecado son esenciales a la fe en el Capitán de nuestra salvación;
pero que en cuanto al gozo que generalmente está presente al
comienzo de ésta, especialmente en quienes han sufrido mucho,
Dios unas veces lo da y otras no, según los designios de su propia
voluntad.[6]

Por fin la búsqueda de la seguridad de su salvación había terminado y ahora Juan Wesley había experimentado el amor incondicional de Dios de una manera personal y real. Esta experiencia no
sólo dio respuesta a sus luchas espirituales interiores y sus preguntas con respecto a la salvación, sino que también cambió el sentido de su vocación y el enfoque de su ministerio. Por lo tanto es
importante notar los elementos presentes en la experiencia de
Wesley, puesto que estos elementos se convertirían en la esencia del
movimiento metodista.

En primer lugar es indiscutible que la experiencia de Juan
Wesley es el clímax y la culminación de una serie de eventos que la
precedieron. En los relatos que encontramos en su diario de fechas
anteriores y aun en su relato de los acontecimientos del 24 de
mayo, Wesley deja entrever que de alguna manera Dios lo estaba
preparando para este momento. Por ejemplo, la lectura antifonal
de ese día y luego más tarde las palabras de Lutero que fueron leí-
das en la pequeña capilla morava, ambos eventos fueron una preparación providencial que antecedieron y asistieron a Juan Wesley
en su experiencia culminante.

El segundo elemento que se distingue en la experiencia del
«corazón ardiente» de Juan Wesley es precisamente el marcado
énfasis en los sentimientos y en la experiencia propia. Sin lugar a
duda que Wesley había estudiado a Lutero, y quizás había leído
con anterioridad la misma porción que escuchó aquella noche en
Aldersgate, pero en esta ocasión esta lectura fue mucho más que un
ejercicio de análisis teológico, más que una lectura para buscar respuestas o una forma para desarrollar una teología correcta. Esa
noche Juan Wesley sintió y experimentó la realidad del perdón de

Dios con una convicción personal. En esta ocasión no fue sólo un ejercicio mental, ni una explicación teológica y elocuente del proceso y el camino de la salvación. En esta ocasión, Wesley finalmente experimentó, sintió dentro de su corazón, el significado de la salvación. Es decir, que esta experiencia fue la corroboración práctica y experimental de lo que él había estudiado acerca de la salvación de una manera teórica y teológica por muchos años. Como consecuencia de esto y como una prueba de la veracidad de esta experiencia, Wesley ciertamente reconoce el don del perdón de Dios en Cristo, pero a la vez obtiene la certeza y seguridad de su salvación. Ahora, después de esta experiencia, la prueba tangible de que sus pecados han sido perdonados es que Wesley siente en su corazón y ha experimentado esta salvación de una manera personal y por lo tanto ya no hay más dudas, no más angustia al enfrentar la muerte. Ahora Wesley sabe cuál es su destino final.

El tercer aspecto es la acción inmediata a la experiencia del «corazón ardiente». Wesley oró por los que le habían ultrajado y perseguido. Es decir, de inmediato ofrece amor y perdón a aquellas personas que de alguna manera le habían causado daño. Esto es de primordial importancia, porque aunque es cierto que lo acontecido en la vida de Wesley en Aldersgate fue una experiencia personal y privada, su oración por sus «enemigos» nos muestra las implicaciones sociales y comunitarias de su «conversión». Wesley entendió y reconoció que su experiencia personal y la respuesta a su jornada espiritual privada no podían permanecer sólo en su corazón, sino que debían de extenderse a las personas que le rodeaban, incluyendo a aquellos que le habían hecho o causado algún malestar. Por lo tanto, una expresión práctica de la seguridad de la salvación y del perdón de nuestros pecados es el deseo de buscar la reconciliación con aquellos que nos han hecho algún mal. Es decir, que una parte importante de la obra restauradora de Dios en la vida del creyente incluye también el aspecto social y comunitario de restaurar relaciones y vivir en armonía con la gente que nos rodea, especialmente aquellos que nos han causado algún mal.

Finalmente, el testimonio público de su experiencia personal no sólo corrobora lo anterior, sino que también enfatiza la importancia de la comunidad cristiana en el desarrollo de la fe y la responsabilidad de ésta con el nuevo creyente y viceversa. Al compartir con la comunidad cristiana de una manera pública y honesta lo acontecido en su corazón, Wesley se está haciendo responsable delante de ellos para mantener y conservar con integridad la convicción que adquirió esa noche. De la misma manera, la comunidad de creyentes, aunque no de manera explícita, al recibir este testimonio se hace responsable de ayudar y promover con sus palabras y acciones el crecimiento y bienestar de aquellos que también han experimentado y testificado de la aceptación del perdón divino. De manera implícita también se puede notar que las dudas con respecto a su salvación, las mismas que lo agobiaron toda su vida hasta antes de este momento, casi al instante vuelven a surgir. Sin embargo, ahora Wesley atribuye estas dudas a la obra del enemigo, Satanás, y afirma que si bien es cierto que las emociones y sentimientos pueden variar, la veracidad y la confianza de esta experiencia son innegables, por lo tanto nadie podrá hacerle dudar del perdón de sus pecados. Es interesante notar que Wesley desecha estos pensamientos de duda en el contexto de su testimonio público, lo cual puede indicarnos la importancia de la comunidad cristiana para ahuyentar las dudas y destruir la obra del enemigo. Así pues, a pesar de que la experiencia de Juan Wesley de su corazón ardiendo de una manera extraña fue personal y privada, sin lugar a duda tuvo repercusiones en las relaciones interpersonales y sociales de él y de quienes le rodeaban.

Carlos Wesley, quien había regresado antes que Juan a Inglaterra, también tuvo una experiencia similar a la de Juan tres días antes. De igual manera Carlos relata que su experiencia lo llevó a una convicción de su salvación y entender el evangelio de una manera viva y eficaz. También cabe notar que Jorge Whitefield, uno de los integrantes del Club Santo de Oxford, había experimentado el mismo tipo de convicción y sentimientos meses antes que los hermanos Wesley.

Por su parte Juan Wesley, casi inmediatamente después de su experiencia en Aldersgate, decidió visitar la comunidad principal de los moravos, en Herrnhut, Alemania. Durante su viaje y estancia, Wesley se encontró con el líder de la comunidad morava de Herrnhut, el conde Von Zinzendorf. Una vez más un pastor moravo, al igual que Böhler y Spangenberg antes, le proveyó ayuda y consejo espiritual que fue de gran beneficio para él y para su futuro ministerio. En este caso Juan aprendió de Zinzendorf la importancia de la fe justificante y de las virtudes de la vida piadosa. Pero no sólo fueron las enseñanzas de Zinzendorf lo que lo impresionó, sino también la vida de los moravos y su presencia en la comunidad de Herrnhut. Wesley notó la disposición de estos cristianos a ayudar a otras personas de la comunidad y la manera en que trabajaban y servían a otros con alegría y humildad. Particularmente le llamó la atención el testimonio de un pastor y artesano de nombre Cristian David, quien construyó muchas de las casas de la comunidad como una manera de demostrar el amor de Dios. Juan admiraba la forma desinteresada de los moravos de servir al prójimo y la calidad de la vida humilde y sencilla en su afán de agradar a Dios.

Indiscutiblemente el éxito del ministerio de Juan Wesley tiene una gran deuda con la comunidad de cristianos moravos, ya que ellos y sus líderes fueron cruciales en la vida y ministerio de Wesley. Sin la influencia de los moravos, Wesley jamás habría tenido su experiencia en Aldersgate y el metodismo jamás habría existido. Además Wesley incorporó muchos de los aspectos presentes en la vida de los cristianos moravos, no sólo en su vida personal, sino que también los promovió entre sus seguidores de tal manera que el movimiento metodista primitivo reflejó una gran similitud con los cristianos moravos.

NOTAS

[1] La relación entre Juan Wesley y Spangenberg y su conversación se encuentran en los diarios de Juan Wesley. John Wesley, *The Works of John Wesley,* ed. Thomas Jackson, vol. 1 (London: Wesleyan Conference Office, 1872; reprint, Grand Rapids: Zondervan, [1958-59]), p. 23 (mi traducción). De aquí en adelante todas las citas referentes a esta edición serán identificadas como *The Works of John Wesley.*

[2] Ibid., p. 47.

[3] John Wesley, *Obras de Wesley,* ed. Justo L. González, Tomo XI, Diarios Tomo I, (Franklin, Tennessee: Providence House Publishers, 1996, Edición auspiciada por la Wesley Heritage Foundation). pp. 35-36. De aquí en adelante todas las citas referentes a esta edición serán identificadas como *Obras de Wesley.*

[4] Ibid., p. 37.

[5] Ibid., Tomo XI, Diarios Tomo I, pp. 62-63.

[6] Ibid., Tomo XI, Diarios Tomo 1, pp. 63-64.

Capítulo 3
Los inicios del metodismo:
El avivamiento wesleyano

A. *El regreso a Londres: Predicación al aire libre*

Después de pasar casi cuatro meses en compañía de los cristianos moravos, Juan Wesley regresó a Londres con un gran fervor por compartir con todos los demás su experiencia en Aldersgate y lo mucho que había aprendido de los moravos y sus líderes. Sin embargo, la audiencia de Juan Wesley no estaba lista para escuchar este mensaje, y la reacción de la Iglesia Anglicana no fue muy acogedora. Debido a su posición como ministro ordenado en la Iglesia Anglicana, Wesley empezó a predicar y compartir sobre la certeza de la salvación y la perfección cristiana en las iglesias anglicanas de Londres y lugares circunvecinos. Los feligreses de estas iglesias, al igual que sus pastores, después de escuchar la predicación de Wesley salían ofendidos y disgustados por su insolencia y por el desafío personal que les presentaba en sus mensajes. Al mismo tiempo, Wesley predicaba y compartía con pequeñas sociedades moravas, que a diferencia de las iglesias anglicanas, recibían muy bien su mensaje y testimonio. A pesar del rechazo de las iglesias anglicanas, sin embargo, Wesley prefirió continuar su ministerio con ellas ya que tenía una gran lealtad y fidelidad a la Iglesia Anglicana y hacía todo lo posible por mantenerse en buena relación con sus líderes eclesiásticos, pero sin dejar de predicar la seguridad de la salvación y la perfección cristiana.

La lealtad de Juan Wesley a la Iglesia Anglicana era tal que a pesar de las críticas y rechazo, no perdía el ánimo ni el deseo que se había fijado de llevar el mensaje de salvación personal a todas las iglesias y personas de Inglaterra. Debido a su insistencia y persistencia, varios líderes anglicanos empezaron a acusarlo diciendo que sus predicaciones y teología no estaban en concordancia con las santas enseñanzas de la Iglesia Anglicana. A estas críticas Wesley respondió con una elocuencia incomparable. Usando los documentos históricos y recursos doctrinales de la misma Iglesia Anglicana demostró que su predicación y su marcado interés en la experiencia de la salvación personal de ninguna manera se oponían a la doctrina de su iglesia. Por el contrario, estas corroboraban su punto de vista.

A pesar de su entusiasta y elocuente respuesta, sus críticos prevalecieron, y aunque no encontraron falta alguna en su posición teológica, poco a poco los templos anglicanos empezaron a cerrarle sus puertas. Las invitaciones a predicar cada vez fueron menos y los pastores anglicanos empezaron a correr la voz diciendo que la predicación de Juan Wesley era muy controversial al grado que causaban argumentos y divisiones entre los feligreses. Este rechazo fue tanto que en una ocasión Juan Wesley había sido invitado a predicar a una congregación por la mañana y por la tarde, pero el pastor de esta congregación inmediatamente después de haber escuchado el sermón matutino, indicó a la congregación que el servicio vespertino sería cancelado ya que Wesley no tenía más que ofrecer a la congregación.

Ante el rechazo de los pastores de la iglesia oficial, Wesley empezó a dedicar más tiempo a buscar personas fuera de la Iglesia Anglicana. Por ejemplo, siguiendo sus prácticas de Oxford, se dedicó a visitar a los encarcelados y los enfermos. Estas personas recibieron el mensaje de Wesley con gran entusiasmo, y pronto sus mensajes causaban admiración y despertaba un gran interés por el evangelio. Wesley también empezó a dedicar más tiempo a las sociedades moravas, especialmente a una que se reunía en Fetter Lane. En esta sociedad se reunía con varias personas, entre ellas se encontraba Jorge Whitefield, su amigo de Oxford. Era con este grupo de personas y la sociedad morava que Wesley oraba, estudiaba la Biblia, practicaba el ayuno, y se apoyaban unos a otros compartiendo con honestidad y sinceridad sobre sus vidas y ministerios. De nueva cuenta, Wesley pronto percibió el gran beneficio de estas reuniones, ya que recordaba lo provechoso que habían sido para él en sus años de estudiante en Oxford, aunque ahora era algo especial porque muchos más de los integrantes del grupo habían tenido una «experiencia personal» al igual que él. Por lo tanto, este tipo de reuniones se convirtieron en una fuente de aliento e inspiración para todos los integrantes del grupo.

Uno de los integrantes del grupo, Jorge Whitefield, siguiendo esta inspiración y con la aprobación del grupo, decidió iniciar un tipo de ministerio que no era bien visto en Inglaterra ni por la Iglesia Anglicana. Este nuevo ministerio, al cual Whitefield se sentía llamado por Dios, fue el de predicar al aire libre, en las afueras de las fábricas y en las calles donde se encontraba la gente. Contando con el apoyo y siguiendo la dirección de este grupo, Whitefield predicó por primera vez al aire libre en la ciudad de Kingswood, principalmente a mineros y personas pobres. Los resultados de esta predicación, y de muchas otras más, fueron extraordinarios. La gente escuchaba el mensaje con gran atención y casi de inmediato imploraban el perdón de Dios por sus pecados. La gran mayoría de estas personas eran anglicanos nominales, es decir, de puro nombre puesto que jamás asistían a los servicios anglicanos porque los sermones eran predicados en un lenguaje sofisticado que la gente común no podía entender. Por esto, el escuchar a Whitefield predicar el mensaje de las buenas nuevas de una manera sencilla y en sus propios lugares, no en los templos anglicanos lujosos, fue una gran diferencia que de inmediato atrajo la atención de las personas «comunes». Debido a esta gran diferencia cientos de personas empezaron a congregarse y a buscar más de Dios a través del ministerio de Whitefield.

A pesar de que perteneció al grupo que alentó a Whitefield a iniciar la predicación al aire libre, Juan Wesley no estaba del todo convencido de los beneficios de esta nueva manera de predicar. Las dudas y temores de Juan Wesley estaban basados en su lealtad y fidelidad a la Iglesia Anglicana, que veía con gran desagrado este tipo de ministerio. Sin embargo, al escuchar los tremendos testimonios de personas que por vez primera recibían el mensaje de las buenas nuevas, al ver cómo sus vidas eran transformadas y cómo Dios se manifestaba en ellas, y movido por su deseo evangelizador y su pasión para compartir su propia experiencia con cuantas personas fuese posible, Juan Wesley fue finalmente persuadido de que la predicación al aire libre tenía cabida en su vida y ministerio. La siguiente cita de su diario es testimonio fiel de la influencia que ejerció Whitefield en el ministerio de Juan para que éste se decidiera a predicar al aire libre:

> Salí de Londres y en la tarde expuse en una pequeña compañía en Basingstoke. El sábado 31 por la tarde llegué a Bristol y allí encontré al Sr. Whitefield. Al principio me fue difícil de aceptar esta extraña manera de predicar en los campos, de lo cual él me dio un ejemplo el domingo. Habiendo sido toda mi vida (hasta hace poco) tan tenaz de cada punto relacionado con la decencia y el orden que hubiera pensado que el salvar almas era casi un pecado si no se hacía en la iglesia. En la noche (el Sr. Whitefield se había marchado) comencé a exponer el Sermón del Monte (un excelente precedente para la predicación en el campo, aunque supongo que había también iglesias en ese tiempo) a una pequeña sociedad acostumbrada a reunirse una o dos veces a la semana en la calle Nicolás.[1]

Tal vez la decisión de predicar al aire libre fue la segunda experiencia más importante en la vida de Juan Wesley (obviamente la primera fue el momento de alcanzar la seguridad personal de su salvación en Aldersgate). Wesley predicó fuera de una iglesia por primera vez en Bristol, en abril de 1739, casi un año después de Aldersgate. El impacto que causó esta experiencia y la emotiva descripción de los resultados del inicio de un ministerio que lo caracterizaría, son descritos por él mismo en su diario:

> A las cuatro de la tarde decidí *ser más vil* y proclamé en los caminos las buenas nuevas de salvación a cerca de 3,000 personas, hablando desde una pequeña ladrillera fuera de la ciudad. La Escritura de la cual hablé (¿es posible que alguien ignore que eso se cumple en todo verdadero ministro de Cristo?) fue: *El Espíritu del Señor está sobre mí, por cuanto me ha ungido para dar buenas nuevas a las pobres; me ha enviado a sanar a los quebrantados de corazón; a pregonar libertad a los cautivos; y vista a los ciegos; a poner en libertad a los oprimidos; a predicar el año agradable del Señor.*[2]

La intensidad en sus palabras nos muestra el valor, significado y trascendencia que la predicación al aire libre tendría para su vida y ministerio. Al mismo tiempo nos muestra que su deseo de servir a la gente común fue mucho más fuerte que su lealtad y fidelidad a las costumbres y tradiciones de la Iglesia Anglicana. Es decir, el deseo de compartir las buenas nuevas de salvación a todas las personas le dio a Wesley el valor necesario para salirse de los parámetros establecidos por la iglesia y la sociedad. Su deseo de que la gente pudiera experimentar un encuentro personal con el Dios que perdona pecados y da certeza de salvación fue más grande que su afán de predicar en los templos anglicanos.

De igual manera es importante notar que el pasaje que Juan Wesley utilizó para predicar por primera vez fue Lucas 4:18-19. Es el mismo pasaje con que Cristo inició su ministerio y con el que indicó que su prioridad sería proclamar las buenas nuevas a las personas que se encontraban al margen de la sociedad. De la misma manera podemos deducir que Juan Wesley —en esta segunda experiencia dramática de su vida— también anuncia el énfasis de su ministerio y —al igual que Jesús— muestra su decisión definitiva de alcanzar a la gente que se encontraba lejos de la iglesia y de la sociedad y a las que nadie prestaba atención a sus necesidades sociales, físicas y espirituales. Es interesante notar que Wesley usa este pasaje de Lucas de una manera integral, ya que su intención al predicar al aire libre no sólo fue proclamar la salvación que se ofrece en el evangelio a través de Cristo, ya que el pasaje ciertamente tiene un marcado énfasis en proveer para las necesidades sociales y físicas de las personas a las cuales se desea alcanzar.

Este ministerio de Wesley se caracteriza por la intensidad y frecuencia de sus predicaciones al aire libre después de su sermón inicial en Bristol, ya que en las dos semanas siguientes Wesley predicó más de siete veces al aire libre. Así que podemos asegurar que Wesley fue en busca de la gente común. No pidió que vinieran a la iglesia como lo hacía la Iglesia Anglicana, sino que les llevó el mensaje de salvación a donde ellos se encontraban. Su deseo y fervor de compartir su experiencia con toda la gente fue su motivación primordial para predicar al aire libre, a esto podemos sumarle su convicción de que cada persona tenía el potencial de convertirse al cristianismo. De inmediato, al igual que la gente respondió a la predicación de su amigo Jorge Whitefield, cientos de personas aceptaron el llamado y la predicación de Juan Wesley.

La decisión de predicar al aire libre no sólo llevó a Juan Wesley a encontrar a la gente en su propio ambiente, sino que también propició que la gente se sintiera en libertad de expresar sus emociones sin tener que preocuparse por las restricciones que imperaban en los servicios anglicanos. Además, si bien es cierto que la experiencia del «corazón ardiente» de Wesley fue dramática, en realidad fue mínima comparada con las emociones y experiencias expresadas por la gente después de aceptar el perdón de Dios por sus pecados, a través de la predicación de Wesley. Al escuchar y entender el amor de Dios, al sentir que sus pecados eran perdonados, y al experimentar por primera vez el amor de Dios demostrado en las acciones y palabras de Juan Wesley, muchas de estas personas empezaban a saltar de gozo y alegría, otras lloraban sin poder controlarse, había quienes empezaban a gritar alabando a Dios, y otros simplemente se arrodillaban con la cara hasta el suelo en señal de reverencia y adoración a Dios. Este tipo de reacciones, que al principio sorprendieron a Wesley —y que hasta cierto punto él mismo cuestionaba— se convirtieron en algo común cada vez que él predicaba al aire libre. Así pues, las dudas que Wesley pudiera tener pronto se disiparon al ver la sinceridad y cambio radical en la vida de quienes recibían el perdón de Dios.

Fue por esto que la fama de la predicación de Wesley empezó a crecer. La voz se empezó a correr entre la gente y pronto miles de personas se empezaron a congregar en las afueras de sus lugares de trabajo para escuchar predicar al pastor Wesley. Como era de esperarse, también había gente que dudaba de él y de su ministerio, y que creía que su predicación era poco provechosa y que creaba tumultos peligrosos. Muchas de estas personas fueron a escucharlo pero sólo con el afán de desafiarlo y poner en tela de juicio su predicación. Así que cuando Wesley predicaba, una o varias de estas personas lo interrumpían para hacerle preguntas o acusarlo de alguna herejía. La respuesta de Wesley a estas interrupciones fue igualmente sorprendente: en lugar de ignorar las acusaciones e interrupciones, de inmediato las refutaba y entablaba con ellos un diálogo público, donde la audiencia escuchaba y observaba la reacción de ambos. Wesley, debido a su preparación académica y teológica y su habilidad para argumentar, prácticamente ponía en vergüenza a sus interlocutores. Muchos de ellos, convencidos por la elocuencia de sus argumentos pedían perdón a Dios y a Wesley de manera pública. En muchos de estos casos, interrumpir su predicación tuvo el efecto contrario de lo que se esperaba, puesto que en lugar de destruir la credibilidad de Wesley, muchos de sus atacantes se arrepentían y terminaban afirmando lo que Wesley proponía en su mensaje. La gran mayoría experimentaba el perdón de Dios de una manera dramática, de la misma forma que al principio les perturbaba. A esto se debe que el ministerio y la fama de Juan Wesley comenzó a crecer y extenderse por todos los alrededores de Bristol, que en esta etapa inicial de su ministerio se convirtió en su centro de operaciones. Al mismo tiempo, Carlos Wesley y Jorge Whitefield desempeñaron un ministerio muy similar al de Juan, pero concentrando sus esfuerzos en Londres y lugares circunvecinos.

B. La organización del avivamiento: Sociedades, clases y bandas

El número de personas que respondían afirmativamente al llamado al arrepentimiento durante la predicación de Juan Wesley empezó a crecer, y muchas veces llegó a los cientos de personas por cada predicación. Debido a la preocupación que sentía por el bienestar espiritual de estas personas, a su afán de proveerles una educación cristiana y discipulado que les ayudara al desarrollo de las virtudes propias de la nueva fe que habían obtenido, Wesley empezó a organizarlos de la misma manera que lo había hecho en Oxford, creando sociedades entre sus seguidores. Este tipo de organización integraba los beneficios de la instrucción personal que había recibido de su madre Susana, la gran disciplina que fue parte de «el club de los santos» en Oxford, y la dedicación de las sociedades moravas.

Intencionalmente, y siguiendo las recomendaciones personales de Wesley, estas sociedades estaban integradas por personas de diferente condición social. Es decir, en la misma sociedad Wesley incluía a personas ricas al igual que gente humilde y trabajadora. Esto lo hacía para promover la amistad y compañerismo cristiano entre grupos que, tradicionalmente y siguiendo las costumbres cívicas y religiosas de la época, se encontraban separados. Wesley consideraba que esto era esencial para el desarrollo de la vida cristiana madura. Por esta misma razón, no cualquier persona era admitida de inmediato a las sociedades. No obstante que la invitación estaba abierta para quienes desearan «huir de la ira venidera y vivir una vida santa», para ser miembro de estas sociedades había que cumplir por lo menos con los siguientes requisitos: evitar el mal, hacer el bien, emplear los medios de gracia (que eran un vehículo para el crecimiento espiritual) y, por supuesto, estar dispuesto a compartir de manera honesta y genuina las áreas de su vida que requerían ayuda o celebrar con el resto de los integrantes de la sociedad.

Es importante notar que, aunque las reuniones de las sociedades eran semanales, éstas no sustituían la asistencia a los servicios dominicales regulares de la Iglesia Anglicana. Así que Wesley siempre insistía en que las sociedades no se deberían reunir los días que se efectuaba algún servicio en la iglesia anglicana. Además de que estaba convencido de que cada cristiano tenía la obligación de asistir al culto dominical, Wesley entendía que la Comunión (Santa Cena) y el bautismo debían ser celebrados por un ministro ordenado y dentro de la Iglesia Anglicana. A esto se debió que la asistencia a las parroquias anglicanas cercanas a los lugares de donde Wesley predicaba empezó a crecer en gran manera. Así pues, el objetivo principal de estas sociedades fue promover el desarrollo de la fe cristiana de cada miembro dentro de una comunidad de apoyo. Para lograr este objetivo, la oración individual y en grupos, la lectura de la Biblia, y los testimonios —compartir con honestidad problemas y dificultades unos a otros— eran las actividades principales de estas sociedades, que pronto empezaron a brotar por todos lados y crecer en gran manera.

Al multiplicarse tanto los miembros y las sociedades, Wesley se vio obligado a implementar cambios estructurales y funcionales en la organización del movimiento. Así que añadió un par de grupos más pequeños. Las sociedades continuarían reuniéndose semanalmente y con los mismos objetivos, pero ahora habría grupos adicionales que denominó «clases» y «bandas». Las clases estaban compuestas aproximadamente por una docena de personas y un líder. Seguían el mismo modelo de las sociedades, pero como el grupo era mucho más pequeño, la conversación era más íntima, el conocimiento del otro u otra era más directo y el apoyo y ayuda espiritual siempre tenía un toque personal. Por su parte, las bandas eran muy similares a las clases, pero sus integrantes de ellas eran los líderes de las clases, o personas que estaban siendo preparadas para ser líderes de las clases. De igual manera que en las sociedades, la organización y disciplina de las clases y bandas era estricta, ambas tenían reglas que incluían el ayuno, la oración pública y privada, el estudio de las Escrituras, la visita a los enfermos y a los encarcelados, y el testimonio público.

Este tipo de organización y método de discipulado diseñado por Wesley, propició grandes cambios en la vida de sus seguidores no sólo de índole espiritual, sino también en su forma o estilo de vida diaria. Uno de esos cambios fue romper las barreras de tipo social propias del siglo XVIII, donde las clases sociales estaban bien delimitadas y era imposible avanzar de una clase social a otra. Cuando Wesley promovió intencionalmente la reunión de diferentes grupos sociales, realizó algo que nunca antes se había visto en la sociedad inglesa. Es decir, pobres y ricos, campesinos y dueños de tierras, artesanos y mineros eran parte de grupos en los que se atendían y cuidaban unos a otros. Además, en muchas ocasiones muchos de ellos pertenecían a la sociedad inglesa donde gozaban de reconocimiento y respeto, pero ahora como parte de las sociedades, clases y bandas, muchas de estas personas privilegiadas estaban bajo el liderazgo de personas de una clase social inferior y eran instruidos en amor y compañerismo cristiano por estos nuevos líderes.

Además de crear un ambiente de igualdad y compañerismo cristiano debido a la organización meticulosa de las sociedades, las clases y las bandas, Wesley también estaba abriendo paso al desarrollo de lo que se conocería como ministerio laico. A pesar de que estos tres grupos reconocían y respetaban el papel de los ministros anglicanos, los laicos pronto se convirtieron en líderes espirituales de quienes estaban a su cargo. Debido a que esto es vital será considerado más adelante con detalle, pero aquí baste enfatizar que la organización de estos grupos fue una empresa pionera y de suma importancia para el movimiento metodista, puesto que las sociedades, clases y bandas pronto se convirtieron en una expresión tangible de la teología y valores de Wesley: salvación para todos, desarrollo del potencial que cada persona tiene y ayudarles a utilizar los dones y talentos que Dios les ha dado para ponerlos al servicio del reino de Dios, y para ser útiles a la comunidad cristiana y secular a la que cada una de estas personas pertenece.

C. El avivamiento y las divisiones externas

A pesar del crecimiento numérico y espiritual que ocurría prácticamente en cada lugar donde Wesley predicaba, y a pesar de que la organización que le seguía ayudaba a la gente de una manera integral, no todos —incluso quienes apoyaban el ministerio de Wesley— estaban a favor de los acontecimientos que rodeaban las predicaciones y reuniones de las sociedades. Sorprendentemente, Felipe Molther, que había sido nombrado líder de la sociedad morava de Fetter Lane y con la cual Juan Wesley tenía afiliación, era uno de los que se oponían al ministerio de Wesley. El pastor Molther empezó a predicar y enseñar que en la vida cristiana no hay grados de fe, que las dudas no tienen parte en la vida cristiana, y que lo único necesario para la salvación es creer en Jesús y nada más. Obviamente estas enseñanzas iban en contra de lo que Juan Wesley había experimentado y de la manera que él veía y entendía el progreso de la vida cristiana.

El contraste y las diferencias entre las enseñanzas de Wesley y Molther llegaron a un punto crítico cuando Molther afirmó que los medios de gracia no eran necesarios para el crecimiento y desarrollo de la vida cristiana. Para Juan Wesley esos medios eran indispensables y esenciales en la formación y progreso hacia la perfección cristiana. A pesar de que Wesley había organizado a los nuevos cristianos siguiendo el modelo de los moravos, y que ellos y sus líderes habían marcado una influencia muy positiva, la mayoría de los moravos prefirieron seguir las enseñanzas de Molther y rechazar las de Wesley. Finalmente, debido a las grandes diferencias entre ellos, el 16 de julio de 1740 la sociedad morava en una votación pública decidió que la mejor manera de evitar confrontaciones y divisiones entre sus miembros era que se le negara la oportunidad a Juan Wesley de enseñar y hablar en público en la sociedad de Fetter Lane. Cuatro días después, Wesley pidió permiso para dirigirse a la sociedad por última vez, ocasión en la cual leyó la siguiente declaración:

> Creo que estas afirmaciones son completamente contrarias a la Palabra de Dios. Les he advertido de esto una y otra vez y les he rogado que regresen a la ley y al testimonio. Les he tolerado por mucho tiempo esperando que ustedes regresaran a la ley. Empero les encuentro más y más arraigados en el error de sus caminos, y

ahora no me queda otro remedio que entregárselos a Dios. Ustedes los que son de la misma opinión, síganme.[3]

Ante esta desafiante proclamación, cerca de veinte personas se levantaron en silencio y siguieron a Juan Wesley. Al día siguiente, Wesley inició una nueva sociedad que contaba con veinticinco hombres y cincuenta mujeres quienes se reunieron en una antigua capilla que llamaron la Fundición, ubicada en el centro de Londres. Pocos días después de esto, Juan Wesley escribió una carta a los líderes y a la congregación morava de Hernhut en la cual les explicaba las razones de su separación de la sociedad morava de Fetter Lane. En respuesta a esta carta, Bölher y Zinzendorf trataron de persuadir a Wesley que restableciera su conexión con la sociedad morava. En un tono amistoso, pero firme, Wesley respondió diciendo que permanecería independiente de las sociedades moravas debido a las diferencias teológicas entre ellos. La correspondencia entre los líderes moravos y Wesley continuó por varios meses sin llegar a tener un acuerdo. Tras este intercambio, Zinzendorf y Wesley decidieron tener una entrevista personal. En septiembre de 1741 se encontraron y tuvieron una larga conversación. En esta reunión, Zinzendorf mostró una gran preocupación por el fuerte énfasis que Wesley le daba a la perfección cristiana, y esto fue lo que impidió reconciliar sus diferencias. Wesley se refirió a esta reunión como una prueba de la unidad de fe cristiana, ya que a pesar de que no llegaron a un acuerdo, la conversación fue cordial y ambos mostraron respeto por la posición que cada uno representaba. Pero desde ese momento los moravos y Wesley emprendieron caminos y ministerios separados.

La diferencia teológica con los moravos no fue la única causa de controversia y división en el avivamiento. Otra gran diferencia teológica se dio con alguien cercano a Wesley y que había sido de gran influencia en los inicios de su vida ministerial. Esta vez la diferencia no estaba ligada a las experiencias que ocurrían cuando Wesley predicaba, ni directamente conectada al énfasis en la perfección cristiana, sino a la doctrina de la predestinación. Esta doctrina era popular y aceptada por la mayoría de los teólogos que se identificaban con la tradición reformada, entre ellos Jorge Whitefield.

A pesar de que Jorge y Juan eran muy buenos amigos, de que su amistad inició en Oxford, y que Juan seguía los consejos de Jorge (como en el caso de la predicación al aire libre), sus puntos de vista con respecto a la predestinación fueron causa de una serie de disputas y desacuerdos entre ellos. Ambos estaban convencidos de que su posición era la manera correcta de interpretar las Escrituras y ambos contaban con el apoyo histórico y tradicional de fuentes eclesiásticas. Jorge Whitefield contaba con el apoyo de los presbiterianos de Escocia y los independientes de Nueva Inglaterra. Juan Wesley —permaneciendo fiel a las doctrinas y enseñanzas anglicanas— contaba con el apoyo de la tradición arminiana. Este debate no era nuevo para ninguno de los dos. Al contrario, ambos entendían que casi desde el inicio de la iglesia cristiana la explicación y la posición teológica con respecto a la predestinación había sido motivo de controversia. Desde la época de San Agustín, en particular, la relación entre la libertad humana y la soberanía divina ha sido un tema de gran controversia. La predestinación recobró gran aceptación y popularidad con la vida, ministerio y escritos de Juan Calvino, y sobre todo de sus seguidores.

Como ya lo mencionamos, las diferencias de opinión sobre este asunto han existido casi desde los inicios de la iglesia cristiana, pero quizás llegaron a un punto culminante y se establecieron clara y evidentemente en el Sínodo de Dort (1618-1619). Después de la muerte de Arminio, uno de sus seguidores, Simón Episcopus, representó la posición arminiana delante del sínodo. El Sínodo de Dort rechazó tal propuesta y afirmó lo que ahora se conoce como los cincos puntos del calvinismo que afirman la predestinación. Estos cinco puntos determinan la oposición entre la teología de Arminio, que enfatiza la libertad humana, y la de Juan Calvino, que enfatiza la soberanía divina. El siguiente cuadro comparativo es un resumen de estos argumentos y sus posiciones.

Arminio	Respuesta Calvinista
1) Dios elige a las personas para salvación, de una manera ﾞal, basado en el conoﾞprevio de las acciones ﾞna de ellas.	1) La elección de las personas para la salvación y condenación es incondicional, únicamente basada en el carácter soberano de Dios.

2) El sacrificio redentor de Cristo es universal pero está limitado por la libertad humana, es decir, uno puede aceptar o rechazar la obra redentora de Cristo.

2) La obra redentora de Cristo es sólo para quienes han sido electos por Dios para salvación.

3) Por naturaleza los seres humanos no son capaces de hacer el bien.

3) Los seres humanos por naturaleza son totalmente depravados.

4) La gracia preventiva le da la capacidad a los seres humanos de responder a Dios de una manera afirmativa o negativa.

4) La gracia que Dios otorga es irresistible. La persona a quien le es dada, sin lugar a duda, responderá a ella de manera afirmativa.

5) La perseverancia en la vida cristiana es condicional y requiere atención y cuidado diario. De descuidarse, la persona puede caer y perder el don de Dios.

5) La perseverancia en la vida cristiana es incondicional, la gracia de Dios es suficiente para sostener al creyente hasta el final.

Con este resumen teológico es fácil entender por qué Wesley se adhería a la posición de Arminio. Sin lugar a duda sus experiencias personales, al igual que sus experiencias ministeriales, nos muestran su convicción arminiana y su rechazo vehemente a la idea de que Dios hubiera condenado al castigo eterno a ciertas personas independientemente de sus decisiones o acciones.

A pesar de sus diferencias teológicas, Wesley y Whitefield mantuvieron una relación amigable y sus discusiones fueron cordiales. Sin embargo, sus seguidores no mantuvieron el mismo respeto y pronto empezaron a escribir denuncias públicas y utilizar los púlpitos para acusar y condenar la posición contraria. Wesley y Whitefield trataron de aquietar a sus seguidores, mientras ellos continuaban con su propia discusión teológica por correspondencia. A pesar de sus esfuerzos, el tono de la discusión por correspondencia entre Wesley y Whitefield se empezó a hacer amarga a la vez que el respeto y la amistad entre estos dos líderes comenzó a disiparse debido a la seriedad de las acusaciones, que en ocasiones llegaron a ataques a la integridad personal cristiana de cada uno de ellos.

Es durante este tiempo que Juan Wesley escribió, predicó y publicó su sermón titulado *La gracia gratuita* en el cual explica con amplios detalles su convicción arminiana. En respuesta a este sermón, Whitefield escribió una carta a Wesley, que más tarde fue publicada y distribuida en Inglaterra a petición de Whitefield, en la que definitivamente acusa a Wesley de haber caído en un error teológico y de que sus doctrinas son perjudiciales para la integridad y salud de la iglesia cristiana. Así pues, en marzo de 1741, estos dos líderes, que en algún tiempo fueron buenos amigos y compañeros de estudio, dieron por terminada su debate teológico y amistad. La controversia y el debate continuó, sin embargo, entre los seguidores de cada uno e hicieron pública su posición teológica en diferentes formas y por diversos medios. Wesley y Whitefield se mantuvieron firmes en su posición y así crearon la segunda división del naciente avivamiento metodista.

Aunque el movimiento metodista seguía creciendo y su obra consolidándose, esto no fue suficiente para ahuyentar las acusaciones en contra del ministerio de Juan Wesley. Algo que se escuchaba con más frecuencia en contra de Juan Wesley y sus seguidores era la acusación de «entusiastas» (en la actualidad esto equivaldría a fanáticos religiosos) que connotaba expresiones irracionales de la vida cristiana, además de un tono de subversión social y política. Las personas acusadas de ser «entusiastas» afirmaban tener una revelación especial del Espíritu Santo y que les había conferido poderes sobrenaturales para ayudarlos en su vida cristiana. De acuerdo con los parámetros de aquel entonces, por lo general los «entusiastas» eran personas que demostraban una gran emotividad y algarabía religiosa y tenía una mentalidad independentista con respecto al gobierno terrenal.

Como ya lo hemos descrito, el ministerio de Wesley, particularmente su predicación al aire libre, se prestaba a este tipo de crítica ya que en muchas ocasiones la respuesta de la gente que aceptaba el mensaje de salvación manifestaban una gran emoción y efusividad al sentir y experimentar el perdón de Dios en sus corazones. Wesley nunca negó ni prohibió este tipo de efusividad, pero tampoco la alentó. En su defensa, y como respuesta al cargo de ser entusiasta, Wesley siempre mantuvo que ni él y ni sus seguidores afirmaban tener una revelación especial de Dios o del Espíritu Santo, y tampoco buscaban organizar una revolución de índole independentista. Esto se puede observar en una carta abierta que Wesley envió al *Westminster Journal*, después de que uno de los corresponsales lo acusó públicamente de ser un «entusiasta». Vale la pena citarla extensamente:

> Señor, espero que usted sea una persona imparcial. Si es así, usted no publicará lo que se le diga de un lado del asunto solamente, sino también lo que se ofrece del otro lado. Su corresponsal, sin duda, es un hombre juicioso, y parece escribir con buen humor. Pero está muy poco familiarizado con las personas de quienes trata. Se «ha diseminado», dice él, «un espíritu anárquico de entusiasmo propagado por bribones y aceptado por tontos». Me duele ahora dirigirme al caballero mismo. Señor, usted puede llamarme bribón y un tonto. Pero pruebe que soy lo uno o lo otro, si puede. «Pero, usted es un entusiasta». ¿Qué quiere decir usted por ese término? ¿Un creyente en Jesucristo? ¿Un defensor de su igualdad con el Padre y con toda la revelación cristiana? ¿Quiere usted decir uno que sostiene las doctrinas anticuadas del nuevo nacimiento y de la justificación por la fe? Entonces sí yo soy entusiasta. Pero si implica cualquier otra cosa, entonces pruébelo o retráctese del cargo. El entusiasmo que últimamente ha salido al exterior es la fe que obra por amor. ¿Acaso esto «pone en peligro al mismo gobierno»? Justamente todo lo contrario. El temor a Dios honra al Rey. Enseña a todas las personas a sujetarse a los poderes superiores, no por temor a la ira, sino por motivo de conciencia.[4]

En su sermón *La naturaleza del entusiasmo*[5] también rechaza y niega los cargos. Aquí Wesley menciona diferentes clases de entusiasmo y argumenta que ni él ni sus seguidores están dentro de alguna de estas categorías. La primera clase de entusiasmo, según Wesley, es la de quienes creen poseer una gracia que en verdad no poseen. Es decir, estas personas están convencidas de que son salvas cuando en realidad solamente es resultado del emocionalismo. Esta manifestación del entusiasmo era la más común en su época, pero también la más peligrosa porque hacía creer a estos entusiastas que eran cristianos, cuando su corazón no tenía el perdón de Dios en realidad, sino que solamente era producto de un sentimiento, una emoción, un éxtasis religioso a la que le faltaba una convicción basada en las Escrituras y la tradición cristiana.

El segundo tipo de entusiastas son quienes imaginan haber recibido determinados dones de Dios, cuando en realidad esto no ha ocurrido. Están quienes creen haber recibido el don de realizar milagros, curar a los enfermos, o profetizar. Wesley no niega que el creyente, guiado por el Espíritu Santo, pueda obrar milagros, pero hace una distinción entre quienes lo hacen bajo la influencia del Espíritu Santo y quienes lo hacen bajo la influencia de su imaginación. Wesley asegura que una manera de distinguir entre estos dos tipos es la actitud de la persona con respecto a Dios. Una persona dirigida por la imaginación habla como si tuviera una conexión directa con Dios y que las palabras que usa al predicar o profetizar son prácticamente dictadas por Dios. De igual manera estas personas afirman que Dios les guía y dirige hasta en el más mínimo detalle de la vida cotidiana, así que cada actividad, cada palabra, cada acción que realizan creen que es una expresión de la voluntad perfecta de Dios en sus vidas.

El tercer tipo de entusiastas afirman poder tener acceso y conocimiento de Dios de una manera repentina, y por lo tanto la paciencia, la perseverancia, y los medios de gracia (oración, ayuno y estudio de las Escrituras) son innecesarios. Estas personas no se preparan antes de predicar, no creen que el cuidadoso estudio de la Biblia y la teología sean actividades importantes puesto que ellos han encontrado una manera más rápida de conocer los misterios de Dios.

El cuarto y último tipo de entusiasmo se caracteriza por creer que todo lo que acontece alrededor de uno tiene un objetivo divino primordial en nuestra vida. Es decir, se asegura que cada instancia de la vida, cada detalle, cada incidente, cada palabra pronunciada, está controlada por Dios y no sólo esto, sino que Dios tiene un plan y propósito para cada una de estas actividades de la vida diaria. Por supuesto, Wesley no niega que Dios tenga el control del mundo, pero ese control no es absoluto ni tampoco específico. De hecho Dios conoce todos los detalles de nuestra vida, pero muchos de ellos son consecuencias de nuestra capacidad de tomar decisiones y de las decisiones de otros y no siempre son una acción directa de Dios. Aunque Dios tenga conocimiento de ellos no significa que Dios determine el curso de todo lo que sucede.

Wesley concluye este sermón haciendo un llamado a su audiencia para que se cuide de los peligros del entusiasmo:

> Ten cuidado de no ser «entusiasta» en tu afán por perseguir a la gente. No te figures que Dios te ha llamado a destruir la vida de los demás (esto es completamente opuesto al espíritu de quien llamas Maestro) en lugar de salvarlas. Nunca se te ocurra forzar a otros a entrar en los caminos de Dios. Piensa y deja pensar. No obligues a nadie en cuestiones de religión. Aun a aquellos que se encuentran más alejados del camino, jamás los fuerces a entrar por otros medios que no sean la razón, la verdad y el amor.[6]

Fue así que Wesley respondió a quienes lo criticaban. Sin embargo, la acusación de que él y sus seguidores eran entusiastas lo seguiría casi por el resto de su vida. Wesley siempre se mantuvo firme en su convicción y utilizando las Escrituras y lo mejor de la teología cristiana clásica enfrentó a sus acusadores.

D. El avivamiento metodista se expande

A pesar de las diferencias teológicas y de las divisiones que ocurrieron al principio del ministerio de Juan Wesley, la obra pronto se expandió a otras ciudades y territorios. El ministerio de Juan Wesley, hasta principios de 1742, básicamente se había concentrado en las ciudades de Bristol y Londres, pero las diferencias con los moravos y con Whitefield lo llevaron a ministrar a otros lugares. Fue durante ese tiempo que Wesley empieza a ver su ministerio de una manera «global», ya que en una carta al Rev. James Harvey, su amigo, le dice que desde ese momento «El mundo es mi parroquia»; una frase que se convertirá en fundamental para extender el metodismo por todo el Reino Unido. Poco a poco esta frase empezó a tomar vida y Juan Wesley y sus seguidores comenzaron a ministrar a la gente de otras ciudades de Inglaterra.

Fue así que la obra llegó a Oxford, pues a pesar de que Wesley había estudiado y sido profesor en ese lugar, no fue sino hasta ese entonces que el metodismo se estableció oficialmente en esa ciudad. Gales y otros lugares cercanos también empezaron a nombrarse entre los lugares prominentes del circuito metodista. El metodismo en Gales fue iniciado por personas que habían recibido y aceptado el mensaje de salvación por la predicación de Wesley en Bristol. El avivamiento metodista también llegó a la ciudad de Nottingham donde —de acuerdo con varios informes— encontramos relatos de cientos de nuevos cristianos que se afiliaron al movimiento.

Debido a la predicación de Juan Nelson, quien se había convertido al cristianismo en la primera predicación de Juan Wesley en Moorfields, el avivamiento wesleyano llegó al norte de Inglaterra. Neslon era originario de Yorkshire, y a su regreso a casa de inmediato empezó a compartir con los demás su fe y la experiencia transformadora que ocurrió en su vida cuando escuchó el mensaje predicado por Wesley. La gente de Yorkshire recibió con gran afecto el mensaje de Nelson, de tal manera que diariamente media docena de personas —según las cartas de Nelson a Wesley— se convertían y aceptaban la fe cristiana. La gran mayoría eran personas que antes de escuchar el mensaje de Nelson vivían una vida inmoral o constantemente embriagados. Pero después de aceptar el mensaje de las buenas nuevas todas estas personas experimentaron un cambio radical en su vida diaria y su deseo fue vivir una vida recta y santa delante de Dios y de quienes los rodeaban. Pronto muchas otras personas empezaron a buscar a Nelson y pedir su ayuda puesto que el testimonio de estos nuevos cristianos había causado un gran impacto en la vida de ellos.

Al leer lo que acontecía bajo el ministerio de Juan Nelson, y aceptando una invitación, Wesley decidió ir a las ciudades del norte de Inglaterra. Durante esta visita no sólo confirmó lo efectivo que era llevar el mensaje de las buenas nuevas a donde la gente se encuentra, también confirmó lo valioso de su método de discipulado a través de las bandas, clases y sociedades, en las cuales Juan Nelson había sido instruido. Al mismo tiempo se dio cuenta que personas sencillas y sin educación teológica —como Nelson— sin lugar a duda podían desempeñar labores de evangelización, predicación y enseñanza. Durante su viaje Wesley no sólo fue a Yorkshire, también aprovechó la oportunidad y visitó la ciudad de Newcastle el 28 de mayo. En su diario Wesley describe su impresión sobre esta visita de la siguiente manera:

Llegamos a Newcastle cerca de las seis y después de un corto refrigerio caminamos al pueblo. Quedé sorprendido de tanta borrachera, maldición y blasfemia (aun en los labios de los niños) que no recuerdo haber oído y visto nunca antes y en tan poco tiempo. Seguramente que este lugar está maduro para aquel que *no ha venido a llamar a justos, sino a pecadores*.[7]

Convencido de que el momento era ideal, Wesley de inmediato se presentó ante ellos y les comunicó su plan de acción, que así relata junto con los resultados obtenidos:

Observando a la gente, después de que había terminado, los cuales estaban admirados y viéndome atentamente, les dije: «Si ustedes desean saber quién soy yo, mi nombre es Juan Wesley y a las cinco de la tarde, con el favor de Dios, predicaré de nuevo en este lugar». A las cinco, en el pequeño monte que había designado para predicar estaba cubierto de arriba a abajo. Nunca había visto una cantidad de gente reunida a la vez, ni siquiera en Moorfields o en Kennington-Common. Yo sabía que la mitad de la gente les sería imposible escucharme, a pesar de que mi voz era fuerte y clara. Me paré delante de ellos para tenerlos a todos bajo mi mirada, puesto que todos estaban en un lado del monte. La Palabra de Dios que les compartí fue *yo les sanaré sus heridas, yo les amaré libremente*. Después de predicar, la gente pobre estaba lista para recibirme con gran afecto debido a su gran amor y misericordia. Por lo mismo me fue difícil encontrar la salida entre el tumulto de gente. Pero pude tomar otra ruta diferente a la que había usado al llegar. Pero de cualquier manera varias de estas personas llegaron al lugar donde me estaba hospedando antes que yo, lo cual resultó en un momento bastante inoportuno, puesto que no me podía quedar con ellos por más días, ni siquiera uno más, puesto que ya estaba comprometido para regresar a Bristol.... Algunas de las personas presentes eran miembros de sociedades religiosas, las cuales habían subsistido por varios años y las cuales habían funcionado de una manera prudente y regularmente, que además contaban con el respeto de la comunidad.[8]

Es fácil observar que el mensaje de Wesley, y la manera de organizar a los nuevos cristianos, comenzó a transformar no sólo la vida de las personas, sino en ocasiones, como en Newcastle, las comunidades enteras se unían al movimiento metodista. De esta manera, la fama y el reconocimiento del ministerio de los metodistas y de Juan Wesley empezó a extenderse por casi todas las ciudades y pequeños pueblos de Inglaterra. Quizá la visita más interesante fue cuando Wesley visitó la ciudad donde nació, Epworth. La última vez que Juan había estado en Epworth fue cuando visitó a su madre para preguntarle su opinión con respecto a su viaje a Georgia. Siete años habían transcurrido entre esta visita y su regreso ahora como líder del movimiento metodista. Por supuesto la noticia de que Juan Wesley estaba en Epworth corrió por todo el pueblo y la gente hizo planes para asistir a la Iglesia Anglicana de Epworth. Sin embargo, el ministro de Epworth, Romley, siguiendo las instrucciones de los líderes anglicanos, le negó la participación a Juan Wesley. De hecho su predicación dominical, ante una cantidad de personas que Romley jamás había visto (puesto que habían venido a escuchar a Wesley) fue en contra del entusiasmo, como una manifestación errónea de la fe cristiana. Obviamente, la gente salió del templo desilusionada y molesta por esto.

Sin embargo, un miembro de la congregación a la salida del servicio se detuvo y empezó a gritar: «Puesto que a Juan Wesley se le prohibió predicar en el templo, yo le he invitado a que predique aquí mismo en las afueras del templo, y él predicará a las seis de la tarde». Cuando llegó la hora, había aun más gente que la que se había reunido en la iglesia, y Wesley predicó muy cerca de la tumba de su padre Samuel. El mensaje de nueva cuenta fue muy bien recibido por la mayoría de la gente. Muchos de ellos quedaron impresionados ante la elocuencia y convicción de Wesley puesto que conocían a su familia y algunos todavía tenían recuerdos del joven Juan Wesley cuando su padre era el rector de Epworth.

Juan se quedó por varios días en Epworth para visitar y predicar en las aldeas, pueblos y ciudades cercanas. En casi todos estos lugares era bien recibido por los campesinos, los mineros y las mujeres. Quienes rechazaban su mensaje eran las personas afiliadas con la Iglesia Anglicana o gente tradicionalista que se oponía a la forma no convencional de Wesley para predicar y alcanzar a la gente. Esta visita a Epworth fue muy significativa y emotiva para Juan Wesley, ya que cinco semanas después de su visita, tuvo la oportunidad de compartir sobre su ministerio con su madre, quien se encontraba en su lecho de muerte. Al escuchar sobre el trabajo de Juan alrededor de Inglaterra, de inmediato le agradeció a Dios por la oportunidad que había tenido de educar y criar a su familia, especialmente a Juan y Carlos. Susana murió el 23 de julio en Londres, estando presentes todos sus hijos e hijas excepto Carlos, quien se encontraba en un viaje evangelístico.

Después de la muerte de Susana, Juan Wesley pasó los siguientes tres meses en Bristol y Londres. Más tarde se dedicó a visitar lugares donde la obra metodista se había expandido y consolidado. En general los informes de todos estos lugares eran muy positivos y similares. El número de nuevos cristianos siempre constituía una parte esencial del informe, y los testimonios de estos nuevos cristianos eran muy similares. Sus experiencias eran emotivas y dramáticas seguidas por un cambio radical en su estilo de vida que dejaba impresionada al resto de la comunidad, y por supuesto con el deseo de saber más acerca del mensaje que había ocasionado tan radical cambio. A la vez, los reportes también incluían formas tangibles y concretas de ayudar a quienes tenían necesidades materiales y/o económicas, lo cual ocurría en el contexto de las sociedades, bandas y clases, dado que en estos grupos las relaciones personales entre los miembros eran más estrechas.

NOTAS

[1] *Obras de Wesley*, Tomo XI, Diarios Tomo 1, p. 103.
[2] Ibid.
[3] Ibid., p. 137.
[4] Ibid., Tomo XII, Diarios II, p. 113.
[5] Ibid., Tomo II, Sermones II, pp. 361-379.
[6] Ibid. p. 377.
[7] Ibid., p. 373
[8] *Works of Wesley* Vol. 1, Journal, pp. 373-374.

CAPÍTULO 4
Los avances y la obra social del ministerio de Juan Wesley

A. La primera conferencia

Seis años después de la experiencia del corazón ardiente y cinco después de predicar por primera vez al aire libre, el ministerio de Juan Wesley se había extendido prácticamente por todas las ciudades de importancia de Inglaterra. Los nombres de Carlos y Juan Wesley eran muy bien conocidos en casi todos los círculos religiosos, y por supuesto la fama y reconocimiento de su ministerio había alcanzado grandes proporciones. Había crecido tanto el movimiento metodista que el número de predicadores laicos, al igual que los líderes de las sociedades y las sociedades mismas se habían multiplicado en gran manera.

Los servicios de ayuda social que se prestaban a las diferentes comunidades en donde la obra metodista se encontraba presente estaban bajo la supervisión directa de Juan Wesley, por lo que le era imposible mantener una relación adecuada con cada uno de estos ministerios y sus líderes. Principalmente fue por estas razones que Juan Wesley decidió llamar a los líderes del movimiento metodista, en sus diferentes capacidades, a una reunión «nacional» en Londres. A esta reunión también invitó a los ministros anglicanos que de alguna manera apoyaban y simpatizaban con el movimiento metodista. A esta reunión Wesley la llamó «conferencia». En su invitación a los participantes, Wesley especificaba claramente que el propósito no era formar una iglesia nueva, ni atacar a la Iglesia Anglicana. Su deseo primordial, y la razón de la convocatoria, era buscar la mejor manera de organizar los recursos humanos y materiales disponibles dentro del movimiento metodista con el afán de seguir predicando las buenas nuevas a toda criatura.

Esta primera conferencia inició sus trabajos en el centro de operaciones del metodismo en Londres —la capilla de la Fundición— el lunes 25 de junio de 1744, y terminó una semana después. La conferencia estuvo prácticamente a cargo de los hermanos Wesley, pero también otros ministros anglicanos afiliados con el movimiento metodista tomaron parte. Debemos decir claramente que no sólo los elementos ministeriales estuvieron a cargo del liderazgo de esta conferencia, también líderes laicos tuvieron una importante participación. Estos líderes, laicos y ministeriales, al igual que el resto de los participantes se dieron a la tarea de responder a tres preguntas claves con relación al movimiento metodista: a) ¿Qué enseñar?, b) ¿Cómo enseñar?, c) ¿Cómo reglamentar la doctrina, la disciplina y la práctica?

Para responder a la primera pregunta, Wesley dirigió a la conferencia por dos días completos en un estudio exhaustivo de las verdades prácticas que son esenciales para la vida cristiana. Estas incluían el arrepentimiento, la fe, la justificación y el testimonio del Espíritu Santo. La respuesta para la segunda pregunta fue que los predicadores metodistas debían exponer el mensaje de una manera clara y sencilla, usando bases bíblicas, y siempre ofreciendo la gracia y perdón en Cristo. Finalmente, en cuestión de disciplina, se acordó que la conferencia estaría a cargo de mantener relaciones con la Iglesia Anglicana y que todo ministro anglicano debería ser obediente a la autoridad de sus obispos siempre y cuando las decisiones de los obispos estuvieran en conformidad con los cánones eclesiásticos. Es fácil darnos cuenta que la preocupación principal de Wesley era mantener una «doctrina metodista» que permitiera las experiencias emotivas como parte de la vida cristiana pero, al mismo tiempo, que le permitiera seguir en relación con la Iglesia Anglicana. Quizás el punto de tensión más fuerte de esta relación entre Wesley y sus seguidores, y la Iglesia Anglicana era la de los líderes laicos.

Esta tensión tiene su origen en los inicios y la formación de Juan Wesley como cristiano y líder eclesiástico. Como ya hemos mencionado, Wesley vio cuán benéficos eran los ministerios laicos en su propia familia con el ministerio de su madre y el testimonio de sus abuelos. Así que desde temprana edad había visto y experimentado las bendiciones y frutos de «ministros laicos». A estas alturas, los predicadores laicos se habían convertido en una parte esencial del creciente movimiento metodista, puesto que el creciente número de nuevos adherentes había producido una gran necesidad de líderes capacitados para dirigir las nuevas sociedades, clases y bandas. Puesto que era imposible enviar ministros anglicanos a realizar esta tarea, Wesley comisionó predicadores laicos para ministrar y apoyar el trabajo metodista en diferentes lugares. Sin embargo, este tipo de ministerio no era visto con agrado por la Iglesia Anglicana. A pesar de ello, todos los participantes en la conferencia acordaron apoyar y afirmar la labor y el ministerio de los predicadores laicos dentro del movimiento metodista. De hecho, la conferencia escribió un reglamento detallado en el que se establecieron trece artículos que consideraron indispensables para el desarrollo ministerial de cada predicador laico. Esto regulaba su participación, pero de ninguna manera les restaba importancia. Estos predicadores laicos, sin embargo, eran vistos como servidores temporales, pues tanto Wesley como la conferencia consideraban que la Iglesia Anglicana debería enviar a un ministro ordenado para cuidar de las nuevas y nacientes congregaciones.

Es aquí que las diferencias entre la Iglesia Anglicana y el movimiento metodista se incrementan creando una fuerte tensión que no amainaría con los años. Si bien es cierto que varios ministros anglicanos apoyaban la obra de Wesley, la Iglesia Anglicana en general no estaba convencida de brindar apoyo oficial al trabajo y ministerio de los Wesley. De hecho, de la misma manera en que algunos ministros anglicanos habían hecho público su apoyo a los hermanos Wesley, muchos otros los acusaban y negaban la integridad teológica de los Wesley y sus seguidores. Por su parte, algunos de los predicadores laicos se mostraron preocupados por la idea de tener que esperar por un ministro ordenado de la Iglesia Anglicana que se hiciera cargo de congregaciones que estaban bajo su responsabilidad. En su opinión, este arreglo corría el riesgo de que los ministros anglicanos vinieran a tomar el liderazgo de congregaciones sin haber tenido una «experiencia emotiva y dramática» personal de haber recibido el completo perdón de Dios. Por lo tanto temían que no serían capaces de entender ni mucho menos guiar a la congregación donde el común denominador era precisamente esta experiencia.

A pesar de estos riesgos y tensiones, Wesley y los asistentes a la primera conferencia creyeron que era prudente seguir con esta relación amistosa y bajo los auspicios de la Iglesia Anglicana. Esta resolución permitió que el ministerio de Juan Wesley siguiera creciendo con la ayuda de los predicadores laicos, al mismo tiempo que lo mantenía en buenos términos con la Iglesia Anglicana y sus líderes, lo cual le brindaba cierta credibilidad y autoridad en diferentes comunidades.

B. *Los avances del metodismo*

Después de esa primera conferencia, la capilla de la Fundición se convirtió oficialmente en el centro de operaciones del movimiento metodista. En este lugar no sólo se reunía la sociedad de Londres, sino también servía como casa pastoral de Juan Wesley, que de tiempo en tiempo se hospedaba ahí, y como escuela, ya que el edificio contaba con un salón de clases de tamaño considerable. Debido al crecimiento de la sociedad de Londres y de los múltiples ministerios desarrollados por esta sociedad, Wesley se vio obligado a nombrar a una persona para tomar el liderazgo de esa sociedad. Esta responsabilidad fue dada a Thomas Maxfield, un predicador laico. El crecimiento de la sociedad de Londres representa un ejemplo típico de lo que estaba sucediendo en la mayoría de las sociedades en otros lugares. Es decir, al crecer el número de sociedades, la responsabilidad de Juan Wesley también se incrementaba y por eso nombraba a personas que asumieran la responsabilidad de los nuevos y crecientes grupos metodistas. Fue así que, poco a poco, Juan Wesley se empezó a convertir en un «supervisor» itinerante de las sociedades establecidas en Inglaterra, en lugar de ser el líder directo de ellas.

Esta nueva tarea de Wesley no sólo le permitía visitar las diferentes sociedades y supervisar a los líderes, sino que también le dio la oportunidad de utilizar sus visitas a estas ciudades y aldeas como viajes evangelísticos y misioneros. Cada vez que Wesley iba a visitar alguna sociedad, organizaba su viaje de tal forma que pudiera predicar al aire libre en las ciudades, pueblos y aldeas que se encontraban a su paso. Durante estos viajes predicó innumerables sermones y cabalgó grandes distancias. En muchas ocasiones fue muy bien recibido, pero también en algunas otras partes encontró rechazo y hasta ataques personales. Y aunque las circunstancias fueran favorables o adversas, Wesley nunca perdió su celo evangelístico. Él mismo nos dice en su diario del 4 de julio de 1745:

Viajé a Falmouth. Alrededor de las tres de la tarde fui a ver a una dama que había estado enferma por mucho tiempo. Casi tan pronto como me senté, la casa fue rodeada por todos lados por una innumerable multitud de gente. Un ruido más fuerte y más confuso que a duras penas lo hubiera hecho la toma por asalto de una ciudad. Al principio la Sra. B. y su hija se esforzaron en tranquilizarlos. Pero fue trabajo perdido. Más fácilmente hubiera podido intentar acallar la braveza del mar.... El populacho gritaba a voz de cuello: «¡Saquen a los *canorum! ¿Dónde están los canorum?*» (Esta es una palabra sin significado que los de Cornwall generalmente usan en vez de «metodistas».) Al no tener respuesta, rápidamente forzaron la puerta principal y llenaron el pasillo. Solamente una división de madera estaba entre nosotros, la que parecía que no resistiría por mucho tiempo. Inmediatamente bajé un gran espejo que colgaba contra la división, al suponer que todo ese lado se derrumbaría de una sola vez.... Enseguida me puse en medio de ellos y dije: «Aquí estoy. ¿Quién de ustedes tiene algo que decirme? ¿A quién de ustedes le he hecho daño? ¿A ti? ¿O a ti? ¿O a ti?» Continué hablando... al medio de la calle y entonces alzando mi voz dije, «¡Vecinos compatriotas! ¿Desean oírme hablar?» Ellos gritaron con vehemencia: «Sí, sí. Debe hablar. Que hable, nadie debe impedírselo». Mas no teniendo nada en qué pararme y sin la ventaja del terreno, podía ser escuchado solamente por unos pocos. Sin embargo, hablé sin descanso y tan lejos como llegó mi voz, la gente estuvo quieta, hasta que uno o dos de sus capitanes se dieron media vuelta y juraron que ningún hombre me tocaría.[1]

Este relato nos muestra que a pesar de los peligros de viajar en la Inglaterra del siglo XVIII, y que a pesar de las reacciones negativas que encontraba en algunos pueblos, Juan Wesley siempre buscaba la manera de compartir las buenas nuevas con su audiencia, ya sea que ésta fuera atraída por curiosidad, respeto o rechazo. Esta actitud y celo evangelizador fueron significativos para el desarrollo y crecimiento del movimiento metodista.

Los viajes «misioneros y evangelísticos» de Wesley sin lugar a duda fueron esenciales para el crecimiento del metodismo en

Inglaterra. Se estima que Wesley recorrió aproximadamente 400,000 kilómetros a caballo, muchas veces viajando por caminos inaccesibles y por rutas poco comunes, ya que siempre estaba buscando lugares donde predicar. A pesar de esta impresionante cifra, Wesley estima en su diario que nunca viajó más de 7,200 kilómetros al año.[2] ¿Cómo lo sabemos? Su vida organizada y estricta le permitía llevar cuenta exacta de las distancias viajadas y de los lugares visitados. Un día típico en la vida de Wesley iniciaba a las cuatro de la mañana con lecturas devocionales y de las Escrituras, después dedicaba un tiempo a la oración. Frecuentemente su primer sermón lo predicaba a las cinco de la mañana. Este sermón matutino era con la intención de darse tiempo para predicar dos o tres veces más en el mismo día en diferentes lugares, viajando a caballo o en carreta un promedio 90 kilómetros diarios. Como uno se lo puede imaginar, los viajes en aquella época eran largos y tediosos, pero no para Juan Wesley. Él no desperdiciaba ni un minuto y mientras cabalgaba se dedicaba a escribir sermones y cartas, y a leer libros para su instrucción y beneficio personal.

Esta vida de constante viaje y rigor religioso, no implica que Wesley y el movimiento metodista hubieran alcanzado a la totalidad de Inglaterra. Inclusive al momento de la muerte de Juan Wesley todavía había lugares que jamás habían escuchado hablar de Wesley y su mensaje. Esto se debe a que, a pesar de que Wesley viajaba largas distancias diariamente, como muestra de ser un buen administrador del cuerpo que Dios le había concedido, durante los meses de invierno Wesley procuraba no viajar para proteger su salud física, ya que los inviernos en el norte de Inglaterra eran terribles. Durante esos meses de invierno, se concentraba en ministrar en Londres, Bristol, y Newcastle. Por supuesto que también incluía a los lugares intermedios entre estas tres ciudades. Ocasionalmente, Wesley incluía en estos viajes las ciudades de Canterbury y Birmingham. Aparentemente sus viajes seguían un plan, no de cubrir la totalidad del territorio de Inglaterra, sino más bien concentrarse en las ciudades claves, densamente pobladas, ciudades a las que era invitado por figuras prominentes de la comunidad. Pero también en sus planes de viaje siempre incluyó ciudades en las que abundaba la pobreza y en las que había gente con grandes necesidades materiales. Como ya hemos mencionado en el primer capítulo, la pobreza era un problema presente en casi en todo el Reino Unido.

Para mediados del siglo XVIII, la obra metodista se había establecido en varias regiones de Inglaterra, pero principalmente en Londres, Bristol, y Newcastle. Otras provincias también vieron la llegada y el crecimiento del movimiento metodista. Gales, por ejemplo, había sido alcanzada por la predicación de Juan Wesley en 1739, y por Carlos Wesley en 1740. Y aunque Midlands fue visitada por Juan Wesley en junio de 1741, y a través de ella varias regiones del norte de Inglaterra fueron alcanzadas, Newcastle se convirtió en el bastión metodista del norte de Inglaterra. De la misma manera en 1743 los hermanos Wesley predicaron y establecieron obra metodista en Cornwall. Incluso Irlanda y Escocia fueron añadidas a los lugares donde se registraba trabajo metodista a partir de los años 1747 y 1751 respectivamente. Básicamente y en resumen se puede observar que la obra de Juan y Carlos Wesley comprendía tres puntos principales: Londres, Bristol, y Newcastle. Estos tres puntos cubrían una gran área del territorio de Inglaterra, y en muchas de las ciudades intermedias entre estos puntos también se reportaban crecimientos significativos de las sociedades. A pesar de que no hay cifras oficiales con respecto a la cantidad de miembros en las sociedades metodistas de esta época, las siguientes —tomadas aproximadamente en el año 1743— son confiables y nos permiten vislumbrar la extensión e importancia del movimiento metodista. De acuerdo con Henry Rack, en su libro *Reasonable Enthusiast*,

Las sociedades de Londres contaban con 2,200 miembros; la de Bristol con aproximadamente 700; la de Newcastle con 800. Es interesante y contrastante ver que Newcastle, a pesar de ser una de las sociedades recientemente establecidas, en proporción con su población el porcentaje de miembros de la sociedad era mayor que la de Bristol. A su vez, el porcentaje de Bristol es mayor que el de la sociedad de Londres. A nivel nacional, en 1767 se cree que había 25, 911 miembros de las sociedades metodistas en Inglaterra, 232 en Gales, 468 en Escocia, y 2,801 en Irlanda…. La cantidad de miembros de las sociedades metodistas en Inglaterra a la muerte de Juan Wesley creció a 72,476 (incluyendo a Irlanda) en 1791…. Es importante notar que a pesar del rápido crecimiento del metodismo en Inglaterra, los miembros de las sociedades sólo constituían un porcentaje muy pequeño de la población en general. En 1770 era el 0.35%, en 1790, 0.47%, y en 1801 el 1.04%.

> … Sin embargo, en algunos lugares el porcentaje de metodistas con respecto a la población variaba de ciudad a ciudad, como en el caso de Manchester donde en 1801 los metodistas constituían el 3% de la población, casi tres veces más que el porcentaje a nivel nacional.[3]

Estos datos nos dan una visión realista del impacto que Wesley y el metodismo tuvieron sobre la sociedad inglesa del siglo XVIII. Contrario a lo que varios autores e historiadores han argumentado —que Wesley y su movimiento «salvaron a Inglaterra» de una revolución sangrienta como la que Francia experimentó en el mismo siglo[4]— estas cifras nos dan una perspectiva realista de la influencia e impacto del trabajo metodista. Por lo tanto, afirmar que Juan Wesley salvó a Inglaterra de una revolución sangrienta es difícil de sostener al contemplar el porcentaje de la población que estaba afiliada al movimiento metodista.

No obstante, la influencia del ministerio de Wesley en el ámbito social no debe ser analizada simplemente con relación al crecimiento numérico, sino más bien a su disposición, compromiso y dedicación a crear una sociedad mejor para el bienestar de la gente pobre. Este tipo de análisis será el tema de la siguiente sección.

C. Juan Wesley y su dedicación por el bienestar de la gente pobre

Ya hemos dado el primer paso para estudiar la labor social de Juan Wesley y su trabajo a favor de la gente pobre. En el segundo capítulo hemos descrito las deplorables condiciones en que vivían miles de personas. Ahora nos toca ver cómo fue que el ministerio de Juan Wesley trató de aliviar estas condiciones. Para lograrlo es necesario analizar evidencias históricas y teológicas que muestren de una manera concreta la dedicación y esfuerzo de Wesley y los metodistas a favor de la gente pobre de Inglaterra durante el siglo XVIII. Al considerar el ministerio y trabajo de Juan Wesley podemos encontrar cuando menos cuatro evidencias que son decisivas para este análisis. Por supuesto que hay más evidencias, pero por razones de espacio me limitaré a presentar estas cuatro.

La primera evidencia aparece claramente en los escritos de Juan Wesley. Cualquier persona que haya leído las notas personales de Wesley en su diario, sus sermones y cartas, sin lugar a duda se podrá dar cuenta de las numerosas y frecuentes referencias que Wesley hace a la gente pobre. Estas referencias no son simples citas o descripciones casuales, sino que su contexto y el tono de los escritos de Wesley nos muestran una actitud sistemática encaminada a proveer ayuda y bienestar a la gente pobre. Esta actitud es una prueba de interés genuino y preocupación sincera por el bienestar de las personas que sufrían y que tenían necesidades físicas y económicas.

Una muestra es que, desde sus años como estudiante en Oxford, Juan Wesley se disciplinó a visitar con regularidad a los pobres, los enfermos, y a quienes estaban en prisión. Esta práctica personal de Wesley también se convirtió en algo requerido a sus predicadores laicos y los miembros de las sociedades metodistas. Wesley le dio tanta importancia a esta práctica que en 1776 le da a la señorita March las siguientes instrucciones y recomendaciones:

> He encontrado algunas personas pobres y sin educación que tienen gustos y sentimientos exquisitos; y muchos, pero muchos ricos que casi no tienen ningunas de estas cualidades. Pero no quiero hablar de esto: Quiero que usted hable más, mucho más, con la gente más pobre, quien, si no tiene gustos, tiene almas que usted podría guiar en su camino al cielo. Y ellas tienen (muchas de ellas) la fe y el amor de Dios en una medida mayor que ninguna otra persona que yo conozco. Incorpórese poco a poco entre ellas a pesar de la suciedad y de un centenar de circunstancias desagradables, dejando atrás los prejuicios de su clase. No se limite a hablar solamente con personas cortéses y elegantes. Esto es lo que a mí me gustaría igual que a usted; pero no puedo encontrar un precedente para esto en la vida de nuestro Señor o ninguno de sus apóstoles. Mi estimada amiga, que usted y yo caminemos como él caminó.[5]

Como es evidente, Wesley creía firmemente que el contacto personal con la gente pobre, encontrarse cara a cara con ellas, era una manera de crecer espiritualmente, de acercarse a Cristo y de vivir una vida semejante a la de él. Así pues, según Wesley, toda persona que se considere cristiana está llamada a entrar en contacto personal con los pobres y ayudarles en sus necesidades. Al hacerlo así, los creyentes alcanzan madurez espiritual y santidad.

El compromiso y la actitud sistemática de Juan Wesley en favor de los pobres también son evidentes en su sermón titulado «Sobre visitar a los enfermos», basado en el pasaje de Mateo 25. En este sermón Wesley argumenta que visitar a los enfermos es una obligación de todo creyente en Cristo, una obligación tan importante que no cumplirla pone en peligro «la salvación del creyente». Entonces, ayudar y buscar el bienestar de los pobres no sólo es una expresión de madurez espiritual, sino que, de acuerdo a Wesley, debe ser una característica esencial de todo creyente.

En los escritos de Wesley también encontramos evidencia de que en varias ocasiones pidió ofrendas para satisfacer las necesidades de los pobres, y en otras hasta «mendigó» por las calles de Inglaterra para recolectar dinero en favor de ellos. Por eso podemos decir que la vida y ministerio de Juan Wesley muestran una dedicación y actitud sistemática de proveer ayuda y buscar el bienestar de los pobres. Es decir, Wesley consideraba el sincero y genuino deseo de ayudar a satisfacer las necesidades de los pobres como parte esencial de la vida cristiana.

Una segunda evidencia de la dedicación de Wesley en favor de los pobres es la predicación del evangelio con un vocabulario sencillo y fácil de entender. Con respecto a esto Robert D. Hughes afirma lo siguiente:

> … la teología y la predicación de Wesley en su arminianismo evangélico, basada en los pilares de salvación universal y en la capacidad que toda persona tiene de responder a la gracia de Dios, promueve un mensaje de inclusividad para todas las personas, especialmente para los pobres, a aceptar el mensaje de la salvación.[6]

Esta misma posición la presenta Bernard Semmel en su libro *The Methodist Revolution* (*La revolución metodista*), pero en referencia a la doctrina de la perfección cristiana. Semmel dice que la práctica de esta doctrina «era más accesible y fácil de comprender entre la gente humilde que entre la gente sofisticada».[7] Ambos autores afirman que Wesley predicaba de manera sencilla, con vocabulario fácil de entender y con ilustraciones relevantes para la gente común. También afirman que Wesley tenía la capacidad de exponer las doctrinas clásicas del cristianismo y las propias del movimiento metodista con un vocabulario sencillo y común que apelaba a la gente pobre, quienes no contaban con los privilegios de la educación que en aquel entonces era exclusiva de las clases privilegiadas.

Todo esto nos lleva a preguntar, ¿acaso la predicación de Wesley con un vocabulario sencillo y común fue una decisión conciente de Wesley, o una limitación personal? ¿O quizás sólo una coincidencia? Para responder es necesario considerar que Wesley asistió a la Universidad de Oxford y que su educación fue privilegiada, que los estudios que hizo le permitieron leer y aprender de los «grandes» teólogos de su época y de la antigüedad, que las demandas propias de sus estudios le requirieron que desarrollara un vocabulario «académico» y hasta cierto punto sofisticado. Por esto es difícil siquiera considerar que el vocabulario sencillo de su predicación se deba a una limitación personal o simple coincidencia. Así que podemos afirmar que, de manera intencional, Wesley adoptó un vocabulario sencillo y común en su predicación y para hacerla relevante y accesible a la gente pobre. Esta actitud de Wesley encaja perfectamente en su vida y su ministerio en general, y sobre todo es consistente con su dedicación al servicio a los pobres. El mensaje del evangelio, podemos afirmar, proclamado con un vocabulario sencillo y común representa y demuestra el compromiso que Wesley tenía de servir e incluir a los pobres como parte esencial de su ministerio.

La tercera evidencia que muestra la preocupación genuina y el interés sincero en la vida y ministerio de Wesley en su afán de buscar y proveer el bienestar de los pobres se encuentra en su interpretación de la mayordomía cristiana. Para Wesley, uno de los principios de la mayordomía cristiana es la responsabilidad que como cristianos tenemos de proveer para las necesidades del pobre. Este punto es claramente enunciado en el sermón titulado *«El buen mayordomo»*, donde pregunta:

¿En qué forma usaste todo el talento del dinero? ¿No en gratificar los deseos de la carne, los deseos de los ojos, o la vanagloria de la vida? ¿No es despilfarrar el dinero en gastos vanos, que es lo mismo que tirarlo al mar? ¿No en acumular dinero para dejarlo al partir, que es lo mismo que enterrarlo? Pero, primero, ¿supliste con el dinero lo que deseaste en forma razonable, juntamente con tu familia? Luego, ¿me devolviste el sobrante, por medio del

95

pobre, a quien he designado para recibirlo; mirándote a ti mismo como uno del número de los pobres, cuyas necesidades debían ser suplidas de esa parte de mis bienes que he puesto en tus manos para este propósito (dejándote a ti el derecho de suplirte primero y la bendición de dar en lugar de recibir)? ¿Fuiste tú, por tanto, un benefactor para la humanidad? ¿Diste de comer al hambriento, cubriste al desnudo, visitaste al enfermo, recogiste al forastero, consolaste al afligido de acuerdo a sus varias necesidades? ¿Fuiste ojos al ciego, y pies al cojo? ¿Fuiste padre de huérfanos y defensor de viudas? ¿Te esforzaste en mejorar las obras externas de misericordia como medios para salvar almas de la muerte?[8]

De acuerdo con Wesley, cada persona es responsable delante de Dios por el uso de los talentos que el Señor ha repartido. En el caso particular del dinero, Wesley considera que es un talento dado por Dios, y su uso debe reflejar una buena y responsable mayordomía cristiana. En el párrafo anterior en particular, y en todo el sermón en general, Wesley describe lo que significa ser un mayordomo fiel y cómo usar el dinero como talento dado por Dios. Primero, el dinero no debe de ser usado para cosas vanas que sólo satisfacen los deseos de la carne. Tampoco debe acumularse ni aferrarse a él como el único o más importante elemento de seguridad personal. Según Wesley, el dinero debe ser usado para satisfacer las necesidades básicas —lo indispensable para vivir y subsistir— de cada mayordomo (cada cristiano) y de sus respectivas familias (todo lo que no cae dentro de esta categoría Wesley lo considera como «lujo y exceso»). Una vez que las necesidades básicas han sido suplidas, Dios demanda que cada mayordomo provea para los pobres, ya que Dios ha designado a la gente pobre para recibir esta porción, y ellos dependen de la fidelidad y la buena mayordomía de los cristianos para su sustento y bienestar. De esta manera, Wesley afirma que cada cristiano como mayordomo de los talentos de Dios es moral y espiritualmente responsable por el sustento, provisión, y bienestar de los pobres, y no hacerlo pone en tela de duda la fe y la salvación de tal persona. Una vez más es claro que, en su interpretación y desarrollo del concepto de la mayordomía cristiana, Wesley tiene un compromiso definido de servir y buscar el bienestar integral de los pobres. Esta tarea no es tan solo un compromiso que Wesley requiere de sus seguidores como un capricho personal, sino que, por su interpretación de los evangelios, Wesley está convencido de que Dios demanda y exige que los cristianos sean buenos administradores.

La cuarta y última evidencia es probablemente la más controversial de todas. Esta evidencia representa una clara oposición a la creencia común de la sociedad inglesa, que afirmaba que los pobres eran pobres porque eran «flojos, sin deseos de superación, ignorantes y pésimos administradores del dinero». Esta creencia era tan prominente en la época de Wesley que incluso algunos líderes religiosos afirmaban que ser pobre era un castigo de Dios, que los pobres merecían su condición económica debido a su ignorancia, y que muchos eran pobres por el mal uso que hacían de sus talentos. En total contraste, ni en sus escritos ni hasta donde sabemos de manera verbal, Wesley culpó jamás a los pobres por su pobreza. Tampoco, contrario a la creencia de sus contemporáneos, afirmó que las riquezas y el prestigio eran una señal de bendición divina. A este respecto, Wesley afirmó precisamente lo contrario. Por ejemplo, escribió en su diario que «la idea de que los pobres son pobres porque son flojos, es una idea diabólica y falsa».[9] Además, en uno de sus sermones añade:

> ¡Cuán difícil es para ellos (los ricos) cuyas palabras todas reciben aplausos, no considerarse como sabios! ¡Cuán difícil es dejar de creer que son mejores que esa muchedumbre de personas pobres, bajas, sin educación! ¡Qué difícil no buscar la felicidad en las riquezas, o en las cosas que dependen de ella; no gratificar los deseos de la carne, los del ojo, o las vanidades de la vida![10]

Para Wesley, culpar a los pobres por su pobreza era una declaración aberrante y «diabólica». En lugar de culpar a los pobres por su condición económica, Wesley desarrolló un análisis social de la situación prevalente en la sociedad inglesa. En dicho estudio, más bien culpa de ello a las clases sociales privilegiadas por sus costosos excesos y lujos, al desempleo ocasionado por la naciente Revolución Industrial, y a la apatía de las iglesias en su responsabilidad moral de servir y proveer para el pobre. En este estudio, donde hace acusaciones en contra de la gente privilegiada, Wesley excluye al rey de Inglaterra y al parlamento de culpabilidad. Esto es sorprendente puesto que indudablemente la monarquía y el Parlamento tenían cierto control sobre las condiciones sociales de la época, y por supuesto en cierta forma hasta eran responsables por la pobreza de la gente. A pesar de excluir a estas autoridades civiles en sus acusaciones, la posición de Wesley de exonerar de culpa a los pobres es sin lugar a duda una posición radical. Estas afirmaciones de Wesley definitivamente muestran su deseo y su actitud de servir, ayudar e incluir a los pobres como parte esencial de su ministerio y del movimiento llamado metodista. La preocupación y dedicación de Wesley por el bienestar de los pobres y su celo evangelístico fueron las características principales de la consolidación del movimiento metodista, características que continuaron hasta el final de su vida.

D. *Educación y esclavitud*

Un claro ejemplo del celo evangelizador de Wesley, y de su preocupación por lograr el bienestar de los pobres, fue su deseo de proveer educación primaria a los niños de familias con escasos recursos. Wesley tenía la convicción que la educación era un factor crucial en el desarrollo y superación de las personas. Un claro ejemplo de esto lo encontramos en la escuela de Kingswood, fundada en 1739 y que estaba estratégicamente localizada cerca de Bristol para atender a las necesidades de las familias de los mineros. Debido al rápido crecimiento estudiantil la escuela tuvo que ser ampliada y su currículo revisado, todo bajo la supervisión de Juan Wesley. Finalmente el 24 de junio de 1748 la escuela fue re-inaugurada con una ceremonia especial en la que Wesley predicó un sermón titulado «Instruye al niño en su camino y luego aunque fuera viejo no se apartará de él».

Junto con la ayuda de algunos otros líderes del movimiento metodista, Juan y Carlos Wesley establecieron que el propósito principal de la escuela de Kingswood sería de proveer educación desde el alfabeto hasta lo esencial para el ministerio cristiano. Así que se impartía lectura, escritura, matemáticas, francés, latín, griego, hebreo, retórica, historia, lógica, ética, física, geometría, álgebra y música. Para la clase de inglés y otros idiomas, Wesley escribió y publicó libros de trabajo para cada grado titulados *Gramáticas.* Como parte del currículo, Wesley también incluyó lecturas como *Las Confesiones* de San Agustín, *La Iliada* de Homero, y la lectura de pasajes del Antiguo Testamento en hebreo y en griego del Nuevo. Wesley desarrolló este currículo con la convicción de que cada egresado de esta escuela tendría una mejor educación que el noventa por ciento de los egresados de Oxford y Cambridge.

Además de este amplio currículo, y para conseguir su objetivo, Wesley también estableció una rutina diaria que iniciaba a las cuatro de la mañana con oración personal y cantos, y procedía durante el día con actividades cuidadosamente planeadas que incluían clases, comidas, prácticas y servicios devocionales. El día concluía a las ocho de la noche cuando cada estudiante debía estar en su respectiva cama. Como se puede apreciar, el horario diario era muy rígido y sin tiempo para diversiones ni juegos, algo que se le criticó a Wesley. A esas críticas Wesley respondió: «Quien dedica tiempo al juego en la infancia, también lo hará en su vida adulta». La rigidez del horario también incluía una dieta cuidadosamente diseñada y bien balanceada, y un ayuno obligatorio cada viernes hasta las tres de la tarde.

Esta breve descripción de los métodos pedagógicos de Juan Wesley en Kingswood nos puede llevar a pensar que su enfoque educativo era abusivo y hasta cierto punto bárbaro. Sin embargo, antes de juzgar los métodos pedagógicos de Wesley, debemos tener en cuenta que ni los métodos educativos ni las diferentes teorías de enseñanza-aprendizaje actuales eran conocidos en el tiempo de Wesley. La intención de Wesley no era castigar y mucho menos forzar a los estudiantes a ajustarse a un determinado molde de educación. Más bien, su deseo primordial fue proveer una educación sólida a estudiantes de bajos recursos económicos, para que éstos a su vez pudieran «competir» con aquellos que eran educados en escuelas para gente adinerada. Por lo tanto, su rigidez no era resultado de la amargura ni del deseo de frustrar una niñez alegre. Al contrario, Wesley y sus métodos educativos seguían el mismo proceso del que él fue producto, la educación que su madre le impartió: una estructura rígida y estricta pero siempre impartida con y por amor. Al seguir este ejemplo, Wesley lo hace como parte de su ministerio, y como una manera más de mostrar su amor por cada estudiante y para reflejar el amor de Dios atendiendo de una manera especial a los pobres y marginados.

Hablando de otra cosa, y como ya lo hemos mencionado, aparentemente la preocupación inicial de Wesley por el bienestar de los esclavos se encuentra en su ministerio en Georgia. Esta preocupación era de tipo pastoral y no tomó en cuenta las implicaciones sociales y económicas de la esclavitud, a pesar de que Wesley favorecía la posición del General Oglethorpe (gobernador de Georgia) que prohibía la compra de esclavos. Un ejemplo claro de su deseo de proveer ayuda espiritual y ministerial a los esclavos se encuentra en una nota que escribió en su diario.

Al mencionarle al Sr. Thompson, ministro de la parroquia de San Bartolomé, cerca de Ponpon, sentirme preocupado por hacer un viaje de regreso por agua, me ofreció uno de sus caballos si iba por tierra, lo que acepté con mucho gusto. Él me acompañó por 20 millas y envió a su sirviente que me guiara las otras 20 de distancia a su casa. Allí encontré una joven negra que lucía más sensata que el resto y le pregunté cuánto tiempo había estado en Carolina. Me dijo que había estado dos o tres años, pero que había nacido en Barbados y que había vivido allí con una familia de un ministro desde pequeña. Le pregunté si iba allá a la iglesia. Me respondió, «Sí, todos los domingos llevo a los hijos de mi ama». Le pregunté qué había aprendido en la iglesia. Me dijo, «Nada: he oído mucho, pero no he comprendido». «¿Pero qué te enseñó tu amo en casa?» «Nada». «¿Tampoco tu ama?» «Tampoco». Le pregunté, «¿No sabes que tus manos y pies y esto que llamas cuerpo se convertirán en polvo en poco tiempo?» Ella respondió, «Sí». «Mas hay algo en ti que no se volverá polvo, esto es lo que se llama alma. En verdad que no puedes ver tu alma, a pesar de estar dentro de ti, como no puedes ver el viento aunque te rodea. Pero si no tuvieras un alma dentro de ti, no podrías ver, oír o sentir, más de lo que hacerlo esta mesa. ¿Qué piensas que pasará con tu alma cuando tu cuerpo se haga polvo?» «No lo sé». «¿Y qué pasaría si tu alma saliera de su cuerpo y fuera más allá del cielo y viviera para siempre? Dios vive allá. ¿Sabes quién es Dios?» «No». «No lo puedes ver, así como no puedes ver tu propia alma. Él es quien nos ha creado, a ti y a mí; a todo hombre y mujer, a toda bestia y pájaros y a todo el mundo. Él es el que hace al sol brillar, a la lluvia caer y al maíz y frutos crecer de la tierra. Él hace todas estas cosas por nosotros. Pero, ¿por qué nos creó, para qué nos hizo a ti y a mí?» «No sé». «Él te creó para que vivieras con él más allá del cielo. Así lo harás en poco tiempo. Si eres buena, cuando tu cuerpo muera, tu alma ascenderá y no pedirá nada y tendrás todo lo que puedas desear. Nadie te pegará o hará daño allá. Nunca estarás enferma. Nunca más estarás triste, ni tendrás temor de nada. No puedo decirte, no sé, cuán feliz serás allá, porque estarás con Dios». La atención con la cual esta pobre criatura escuchó las enseñanzas es indescriptible. Al siguiente día, recordaba todo, fácilmente respondió cada pregunta y dijo que le iba a pedir a quien la creó que le enseñara a ser buena.[11]

El tono de esta conversación, nos muestra que la preocupación primordial de Wesley es por el bienestar de la mujer esclava, pero también muestra que en ese momento y en su reflexión personal, Wesley perdió una gran oportunidad para hablar de las implicaciones malignas de la esclavitud. Esta cita no es un ejemplo aislado de su actitud, sino que refleja de forma general lo que Wesley tenía en mente y corazón: la preocupación por el bienestar espiritual de los esclavos. Fue debido a esto que Wesley preparó servicios y predicaciones dirigidas a ministrar a los colonos y no hizo distinción entre libres y esclavos, sino que deseaba que ambos conocieran del amor de Dios en Jesucristo. En respuesta a su predicación varios esclavos aceptaron el mensaje de salvación y después de haber sido instruidos en los rudimentos de la fe cristiana, muchos fueron bautizados y admitidos a la Santa Cena. Wesley administraba los sacramentos a esclavos y libres por igual, y esta práctica sirvió como patrón de conducta para los predicadores metodistas en las colonias y en Inglaterra cuando regresó.

Basados en la práctica de administrar los sacramentos a los esclavos, uno podría creer que Wesley estaba sentando los fundamentos para la abolición de la esclavitud, pero no fue así. A pesar de que Wesley creía en la igualdad de todas las personas y que no hacía distinción entre esclavos y libres al ofrecer los sacramentos, su posición pública como abolicionista la tomó mucho más tarde en su vida. Desde Georgia, y por varios años de su ministerio en Inglaterra, Wesley mantuvo la posición de la Iglesia Anglicana sobre la esclavitud que mantenía que ni el Antiguo ni el Nuevo Testamento contenían aseveraciones en contra de la práctica de la esclavitud. De hecho, varios ministros creían que lo contrario era cierto y que la Biblia afirmaba la importancia y necesidad de los esclavos. Durante estos años y en respuesta a la Iglesia Anglicana, Wesley no se pronunció a favor ni en contra de la esclavitud. Él sólo tenía un gran deseo evangelístico de ministrar a todos por igual.

Sin embargo, aproximadamente en 1770, Wesley fue persuadido por la Sociedad de los Amigos (Cuáqueros) de que la esclavitud era un mal que debía de ser erradicado y que la fe cristiana demandaba una participación activa en favor de la abolición de la esclavitud. La Sociedad de los Amigos fue uno de los primeros grupos cristianos que se opusieron públicamente al comercio de esclavos y a la esclavitud. Sus esfuerzos y escritos —particularmente los de Jorge Fox y Antonio Bezenet— influyeron en gran manera en la vida y ministerio de Juan Wesley. A pesar de que los escritos y testimonio de estos líderes cambiaron su forma de pesar, Wesley quiso buscar algo más y añadir una experiencia personal al debate de la esclavitud. Por esto tomó un gran interés en aprender más de los esclavos, pero no a través de libros, ni cartas, sino buscando la manera de conocerlos y tener un contacto directo y personal con ellos. Pronto se dio cuenta y escuchó historias que describían la manera cruel y despiadada en que los esclavos eran capturados, trasladados, vendidos, y finalmente maltratados por sus amos. Al mismo tiempo también aprendió y observó que las comunidades de África, lejos de ser comunidades de «salvajes» como eran comúnmente llamadas, eran sociedades bien organizadas y con valores morales ejemplares. Esta experiencia personal con los esclavos fue crucial para Wesley, ya que la mayoría de las personas justificaban la esclavitud de los africanos argumentando que eran seres inferiores y no aptos para gobernarse a sí mismos. El contacto personal con los esclavos mostraba lo opuesto y afirmaba la igualdad de cada persona sin importar su condición social. Por esta y otras razones Wesley se convirtió en abolicionista.

Una vez convencido, de inmediato Wesley buscó la manera de integrar el mensaje abolicionista a su ministerio y predicaciones. En 1774 publicó un panfleto titulado *Reflexiones sobre la esclavitud*, en el que exponía las razones por las que un hombre o mujer cristianos no debían favorecer la esclavitud. Entre ellas encontramos que Wesley afirmaba que ningún ser humano es inferior a otro por naturaleza, puesto que Dios creó a todos los seres humanos en igualdad y a su semejanza. También afirmaba, basado en su experiencia, que al igual que los libres, los esclavos poseían alma y tenían la capacidad de responder al mensaje de la salvación como cualquier otra persona. En ese folleto Wesley concluyó que si Dios acepta y ha creado en igualdad y a su semejanza a todos, entonces no había razón alguna para decir que los Africanos fueran inferiores y así justificar el comercio de esclavos y la esclavitud. Wesley nos dice que:

Los nativos del Reino de Benin son amigables y razonables. Son sinceros e inofensivos, y no cometen injusticia entre sí o con los extranjeros. Son muy atentos y cortéses: si uno les hace un regalo, se esfuerzan por corresponder con el doble; y si se les fía hasta la vuelta del barco el próximo año, son honestos en honrar y pagar toda deuda. El hurto es castigado entre ellos, aunque no con la misma severidad que el asesinato. Si un hombre y una mujer de cualquier clase son sorprendidos en adulterio, ciertamente serán castigados con la muerte, sus cuerpos arrojados al basurero y dejados como presas de las bestias. Son muy puntuales y honestos en todos sus tratos, y muy caritativos. El Rey y los grandes señores ponen cuidado en dar empleo a todas las personas capaces de trabajar. Y quienes están completamente desvalidos son atendidos por causa de Dios, de suerte que no existen pordioseros. Los habitantes del Congo y Angola por lo general son gente tranquila. Muestran inteligencia y son amistosos con los extraños, siendo de temperamento apacible y de maneras afables. Resumiendo, los negros que habitan la costa de África, desde el río Senegal hasta el límite sur de Angola, están lejos de ser los estúpidos, insensatos, brutos, bárbaros, perezosos, feroces, crueles, pérfidos salvajes que se les ha hecho parecer. Por el contrario, son representados, por quienes tienen motivos para adularlos, como notablemente sensibles considerando las pocas posibilidades que tienen para fomentar sus conocimientos; en alto grado laboriosos, quizás más que los nativos de otros climas no tan cálidos; justos y honestos en todos sus tratos, menos donde los blancos le han enseñado de otra forma; y más mansos, amigables y amables para con los extranjeros, que cualquiera de nuestros antepasados. *¡Nuestros antepasados!* ¿Dónde encontraremos en estos días, entre los bellos rostros de los nativos de Europa, una nación que generalmente practique la justicia, misericordia y verdad, como se encuentra entre estos pobres africanos? Dando por sentado que los relatos precedentes son verdaderos (de lo cual no tengo razón ni excusa para dudar) podemos dejar Inglaterra y Francia para encontrar genuina honestidad en Benin, el Congo o Angola.[12]

Después de que Wesley establece la igualdad y el valor de los africanos, procede a describir las atrocidades y crueldades del comercio de esclavos, con el afán de cambiar la opinión y mentalidad de aquellos que se encontraban como él, durante su ministerio en Georgia, ni a favor ni en contra de esclavitud. Finalmente argumenta que las razones económicas tampoco justifican la esclavitud y su comercio. Para Wesley, bajo ninguna circunstancia ser humano alguno debe de ser considerado inferior a otro. Nos dice que:

«La riqueza no es necesaria para la gloria de una nación; sino la sabiduría, virtud, justicia, misericordia, generosidad, bienestar público, amor a nuestro país. ... Es mucho mejor no tener riquezas, que ganar riquezas a expensas de la virtud. Es mejor la pobreza honesta, que todas las riquezas compradas con las lágrimas, el sudor y la sangre de nuestros prójimos».[13]

Por lo tanto, nunca los seres humanos, sin importar su condición, raza, o nacionalidad, deben ser considerados como medios para obtener una ganancia económica. Así que Wesley apeló a gobernantes, personas con influencia y presencia política, y líderes eclesiásticos, tratando de convencerlos a que se unieran a sus esfuerzos abolicionistas. Wesley creía que podía persuadir a cada persona individualmente, en lugar de tratar de convencer a la colectividad de representantes que servían en el Parlamento. De igual manera, sus críticas no fueron dirigidas al sistema que permitía la esclavitud y su comercio, sino a los capitanes de los barcos que transportaban esclavos, y a quienes compraban y vendían esclavos. A pesar de estos esfuerzos en favor de la abolición, Wesley no alcanzó a ver el resultado de ellos, ya que murió antes de la declaración que dio libertad a los esclavos. A pesar de ello, no hay duda que los escritos y los esfuerzos de Wesley fueron importantes para obtener la victoria en favor de la abolición de la esclavitud y su comercio.

Podemos afirmar que su interés para promover la educación y sus esfuerzos abolicionistas son un ejemplo de la dedicación de Juan Wesley en favor del bienestar de la gente pobre y marginada y de la obra social de las sociedades metodistas del siglo XVIII. Su dedicación y servicio en favor de la gente pobre y las múltiples expresiones prácticas de este ministerio tienen su fundamento teológico en la gracia de Dios. La gracia de Dios se ha extendido a toda persona por igual, sin importar su condición social o física. Para Wesley, por lo tanto, esta acción divina le da valor y dignidad a cada ser humano, y cada persona debe ser respetada y tratada con igualdad y justicia. Estas demandas son para toda persona, pero los cristianos tienen una responsabilidad mucho mayor, puesto que conocen del amor de Dios y su gracia, y son llamados a reflejarlos en su actitud con la gente que les rodea.

NOTAS

[1] *Obras de Wesley*, Tomo XI, Diarios Tomo I, pp. 219-221.

[2] Por lo cual podemos deducir que Juan Wesley tuvo un ministerio itinerante de más de 50 años.

[3] Henry D. Rack, *Reasonable Enthusiast: John Wesley and the Rise of Methodism* (Nashville: Abingdon Press, 1992), pp. 236-237, 437 (mi traducción).

[4] Los siguientes autores en sus respectivos libros son los que sostienen esta posición: Elie Halévy, *The Birth of Methodism in England,* 1971, D.D. Thompson, *John Wesley as a Social Reformer,* 1898; J. Wesley Bready, *England: Before and After Wesley, The Evangelical Revival and Social Reform,* y *Wesley and Democracy.*

[5] *Obras de Wesley*, Tomo XIV, Cartas Tomo II, p. 130.

[6] Robert D. Hughes III, «Wesleyan Roots of Christian Socialism», *The Ecumenist* 13, (May-June, 1975), p. 50 (traducción mía).

[7] Bernard Semmel, *The Methodist Revolution* (New York: Basic Books, 1973), p. 17.

[8] *Obras de Wesley,* Tomo III, Sermones, III, p. 255.

[9] *The Works of John Wesley*, Vol. II, p. 280.

[10] *Obras de Wesley,* Tomo III, Sermones, III, p. 199.

[11] *Obras de Wesley,* Tomo XI, Diarios, Tomo I, pp. 27-28.

[12] *Obras de Wesley,* Tomo VII, La vida cristiana, pp. 106-107.

[13] Ibid., pp. 119-120.

Capítulo 5
Acontecimientos importantes a finales de la vida de Juan Wesley

A. *La vida sentimental de Juan Wesley*

Siguiendo la vida y trayectoria de Juan Wesley parecería que él no tenía ningún otro interés más que predicar y evangelizar. Esto no es del todo cierto, pues debemos recordar que en su visita a Georgia cortejó a una dama de su congregación con la intención de contraer nupcias con ella pero, como ya lo hemos dicho antes, esa relación fue un fracaso. A su regreso de Inglaterra, debido a los acontecimientos dramáticos en su vida, y al crecimiento y expansión del metodismo, Wesley tenía poco tiempo para realizar una vida personal y sentimental. Esto, sin embargo, no fue porque careciera de interés. De hecho, varios historiadores han encontrado documentos y cartas que contienen tintes románticos con diferentes mujeres durante sus años en Oxford. Su hermano Carlos, a pesar de sus múltiples responsabilidades, ya había encontrado su pareja ideal, y el 8 de abril de 1749 contrajo matrimonio con Sara (Sally) Gwyne. Juan ofició la ceremonia y durante la misma afirmó: «Este es un día solemne, ya que en este día celebramos la dignidad del matrimonio cristiano». Juan también deseaba la misma bendición en su vida y esperaba con paciencia el día de su propio matrimonio.

El año anterior a la boda de Carlos y Sally, Juan había estado enfermo con intensos dolores de cabeza que no tenían razón aparente. Esto lo obligó a pasar una temporada en reposo en la ciudad de Newcastle. Fue ahí donde conoció a una viuda joven de 32 años de edad de nombre Grace Murray. Ella era una de las líderes más respetadas y trabajadoras de Newcastle, quien se había convertido al metodismo por la predicación del mismo Juan. Cuando Grace se unió a la sociedad de Newcastle, su esposo se opuso a la decisión que ella había tomado, pero finalmente ella lo convenció, y al poco tiempo su esposo también se convirtió en miembro de la sociedad. Lamentablemente el Sr. Murray murió en 1742 y después de su muerte la Sra. Murray se dedicó a atender la casa de huérfanos, que era parte del ministerio de la sociedad de Newcastle. Se reunía con su grupo (banda) semanalmente. Además de esto visitaba pueblos y aldeas cercanas con el propósito de predicar y enseñar la palabra de Dios y orar con las personas de cada lugar. Debido a su dedicación y talentos, la Sra. Murray pronto se convirtió en la enfermera oficial de los predicadores metodistas. Cuando alguno de los predicadores metodistas se enfermaba ella era la responsable por el cuidado su salud. Así fue que Juan Wesley estuvo bajo el cuidado de Grace Murray cuando estuvo enfermo.

Fue durante ese tiempo que Juan Wesley desarrolló amistad con Grace Murray. Pronto la amistad se convirtió en romance, y en agosto de 1748 Juan Wesley le propuso matrimonio, propuesta que ella aceptó con gran regocijo y agrado. Días más tarde, cuando Wesley tenía que viajar de nuevo y dejar Newcastle, Grace Murray le pidió que no la dejara sola tan pronto y le pidió a Juan que le permitiera acompañarlo en su jornada, petición a la cual Juan accedió. Por los siguientes ocho meses, Grace y Juan viajaron y ministraron juntos en varias ciudades, él predicando y ella trabajando con los grupos de mujeres, visitando a los enfermos, y orando con los necesitados. Grace siempre anticipaba lo que Juan quería y siempre estaba lista a prestarle ayuda y consejo.

Todo parecía indicar que Juan y Grace eran la pareja ideal. Sin embargo, desde antes de conocer a Juan, Grace mantenía una relación de larga distancia con otro predicador metodista, Juan Bennet, aun cuando había aceptado la propuesta de matrimonio de Wesley.[1] Cuando Wesley confrontó a Grace y le preguntó acerca de su relación con Bennet, ella no negó cosa alguna y le contestó de la siguiente manera: «Te amo a ti mil veces más de lo que en toda mi vida he amado a Juan Bennet. Pero me temo que si no me caso con él, pronto se volverá loco». Wesley, obviamente destrozado por esta respuesta, decidió consultar con su hermano Carlos, para obtener su consejo y dirección en tan delicado asunto. La respuesta de Carlos fue definitiva. Le aconsejó que se olvidara de Grace para siempre. Juan Wesley hubiera deseado escuchar algo diferente de su hermano. De hecho, trató de persuadir a Carlos argumentando que las virtudes de Grace sobrepasaban su relación con Juan Bennet,[2] pero finalmente Wesley decidió seguir el consejo de su hermano. Semanas más tarde, Juan Wesley al ver a Grace de nuevo le dijo de una manera impulsiva, «Grace, me has roto el corazón». Grace se convirtió en la esposa de Juan Bennet una semana después.

Juan Bennet, a pesar de que era miembro de la sociedad metodista, siempre había demostrado su oposición al liderazgo de Juan Wesley. Además, la relación que se dio entre Juan Wesley y Grace Murray intensificó la tensión entre ellos. Esta tensión continuaría por varios años, hasta que en 1788, Juan Bennet y Grace Murray abandonaron la sociedad metodista de Bolton, llevándose con ellos a 227 integrantes y dejando sólo 19. Con este grupo Bennet tomó el cargo de pastor de la iglesia calvinista de Warburton, posición que ocupó hasta su muerte en 1759, a la edad de 45 años. Grace, por su parte, después de la muerte de Bennet, se quedó en la iglesia organizando reuniones semanales de oración y educando a sus cinco hijos. Pero después de varios años, Grace se mudó a Derbyshire, en donde se unió a la sociedad metodista local, y en donde vivió hasta su muerte a la edad de 85 años en 1803.

Después de este fracaso en su vida sentimental, muchas personas trataron de ayudar a Wesley a superar su crisis. La creencia de que la pérdida de una relación amorosa se supera con otra relación, también prevalecía en la época de Wesley. Con esta intención fue que un amigo de Wesley, Vicente Perronet, le presentó a la Sra. María Vezeille en 1751. La Sra. María (Molly) Vazeille era una viuda con considerable fortuna, madre de cuatro hijos y educada en la tradición de los hugonotes[3]. Su esposo, Noé Vezeille, fue un mercader de Londres que había fallecido dos años antes. Pronto la relación amistosa (y quizás también romántica) entre Juan y María empezó a crecer cada día. Pero en esta ocasión, y debido a sus experiencias anteriores, Juan no consultó ni pidió ayuda o consejo a su hermano Carlos, ni a nadie más. Simplemente determinó que se iba casar con la Sra. María Vazeille. Cuando Carlos se enteró de la decisión de Juan, se opuso de inmediato y trató de persuadirlo a que no lo hiciera tan repentinamente, pero Juan —todavía lastimado por lo acontecido con Grace— no prestó atención a las palabras de Carlos. El matrimonio de Juan Wesley con la Sra. Vazeille fue precipitado por un accidente que Juan sufrió al cruzar el famoso puente de Londres, donde resbaló y se lastimó un tobillo. Después del accidente, la Sra. Vazeille le brindó hospedaje en su casa y ofreció cuidarlo y atenderlo hasta que se recuperara. Al final de la estancia en la casa de la Sra. Vazeille, que duró aproximadamente una semana, Juan Wesley se casó con María Vazeille el 17 o 18 de Junio de 1751.

Antes de casarse, Juan había dejado claro con la Sra. Vazeille que su matrimonio no lo haría disminuir sus viajes, ni mucho menos recortar el tiempo que dedicaba al cuidado de las sociedades y la predicación de la Palabra de Dios. La Sra. Vazeille accedió de buena gana a todo ello. Con este acuerdo y la buena disposición de la Sra. Vazeille (ahora de Wesley), uno podría pensar que todo marcharía bien en el matrimonio de Juan y María.

Cuatro meses después de que Juan y María contrajeron nupcias, Carlos Wesley encontró a su cuñada llorando profusamente. Cuando le preguntó qué sucedía, ella de inmediato le compartió las quejas que tenía en contra de Juan. Carlos la escuchó con atención y al día siguiente se reunieron los tres y conversaron, oraron, y aparentemente partieron en paz. Durante los siguientes cuatro años este tipo de incidentes fueron frecuentes en su vida de matrimonio, aunque durante todo ese tiempo María acompañó a Juan en la mayoría de sus viajes. Sin embargo, los peligros de cada viaje, sus incomodidades, y las largas y cansadas rutas empezaron a causar estragos y desánimo en la Sra. Wesley, de tal manera que poco a poco decidió permanecer en casa en lugar de acompañar a Juan en sus viajes.

Por su parte, Wesley empezó a quejarse, inclusive a escribir en varias cartas que los celos de su esposa se habían convertido en un serio problema para él. Juan acusaba a María de querer saber hasta el más mínimo detalle de su vida y que siempre sospechaba de sus cartas y relaciones ministeriales con otras mujeres. Todo esto empezó a incrementarse y el afecto entre Juan y María pronto se empezó a disipar. De hecho, en varias ocasiones María abandonó la casa, aunque después de un breve tiempo siempre regresaba a vivir con Juan. Pero el 23 de enero de 1771, a punto de cumplir 20 años de casados, María decidió apartarse de Juan de una manera definitiva. Después de que Juan se enteró de esta decisión, escribió en su diario lo siguiente: «Hasta hoy, no sé por qué causa, pero (la Sra. Wesley) salió para Newcastle proponiéndose 'nunca regresar'. *Non cam reliqui; non dimisi; non revocabo.* (No la abandoné; no la eché; no la reclamaré)».[4]

La Sra. Wesley se fue a vivir a Newcastle con su hija, donde permaneció por un año. Cuando Juan fue a visitar esa población como parte de sus viajes «oficiales», se volvieron a ver. Después de una breve conversación, la Sra. Wesley aceptó acompañar a Juan de regreso a Bristol. Sin embargo, para ese entonces en cada oportunidad que tenían ambos se quejaban y acusaban mutuamente, así que la relación entre ellos prácticamente había terminado. Esta relación continuó con ambos físicamente separados, hasta que María murió el 8 de octubre de 1781, en la ciudad de Camberwell. Cuando ella murió, no fue sorpresa que Juan Wesley se encontrara viajando, y según se dice no asistió al funeral porque había sido informado demasiado tarde para poder llegar a tiempo. Ella dejó su herencia —cinco mil libras— a su hijo y no a Juan Wesley, quien sólo recibió un anillo de parte de ella. La muerte de la Sra. Wesley marca el final trágico del matrimonio de Juan, al igual que sus deseos de amor y romance que durante toda su vida fueron frustrados por diferentes razones. Quizás las frustraciones y fracasos en la vida amorosa de Wesley lo llevaron a ser un autor de éxito y dar a luz una gran cantidad de publicaciones.

B. Las publicaciones de Juan Wesley

Como ya lo hemos mencionado, los sermones y la predicación al aire libre de Juan Wesley fueron esenciales e instrumentales para el crecimiento y consolidación del movimiento metodista. Pero como no contaba con los medios de comunicación que tenemos en la actualidad, Wesley se vio limitado a predicar «solamente tres veces al día» y por lo tanto «solamente» podía alcanzar a tres diferentes grupos de personas diariamente. Así pues, no es ninguna sorpresa que su pasión evangelizadora lo llevara a superar las limitaciones de tiempo y espacio, recurriendo a la comunicación impresa para hacer accesible su predicación a las personas con quienes no podía tener contacto personal.

Su deseo de llevar las buenas nuevas a toda criatura y su talento como escritor y editor hicieron de él un prolífico autor. Ya mucho antes de su experiencia en Aldersgate, Wesley había hecho varias publicaciones. La primera de ellas apareció en 1733 bajo el título de *Una colección de formas de oración para cada día de la semana.* Como su título lo indica, ahí daba sugerencias y guías prácticas para el desarrollo de una vida espiritual integral basada en la meditación y oración diarias. En 1741 publicó, no como autor sino bajo su cargo y supervisión editorial, el primer periódico metodista, que llevaba por nombre *La historia semanal.* La función de esta publicación era informativa y fuente principal donde se daban a conocer los últimos acontecimientos y cambios en las sociedades metodistas.

Para ese entonces los ataques y acusaciones en contra de Wesley y sus sociedades ya proliferaban, pues sus predicaciones al aire libre no eran bien recibidas en ciertos lugares y en muchas ocasiones la gente intentó hacerlo callar arrojándole piedras y otros objetos. En otras ocasiones la gente a su alrededor había planeado golpearle y obligarle a irse para siempre. Por otra parte, las autoridades civiles y religiosas también acusaban a Wesley y a sus seguidores de instigar a las masas en contra del bienestar popular, de tratar de organizar una revolución, y de promover ideas, costumbres y experiencias religiosas falsas que iban en contra de las santas enseñanzas de la Iglesia Anglicana. Fue por ello que Wesley se dio a la tarea de responder públicamente y por escrito a estas acusaciones. Así que quizá la primera publicación que fue un desafío y una prueba para sus habilidades literarias y teológicas fue la que tituló *Un llamado ferviente a personas razonables y religiosas,* publicado en 1743, casi un año antes de la primera conferencia metodista. En este tratado Wesley da una respuesta definitiva y cautelosa a los ataques y condenas de que junto con los predicadores metodistas había sido víctima. Como podemos ver, la tarea no fue fácil, pero haciendo uso de su habilidad retórica y su capacidad literaria Wesley lo hizo posible. Si bien es cierto que no resolvió los problemas, con esa publicación Wesley demostró a sus opositores que su movimiento no era una secta religiosa, que la doctrina y experiencias metodistas tenían fundamentos bíblicos e históricos, y que su trabajo ministerial era una expresión genuina de un cristianismo histórico y bíblico.

En el mismo año en que Wesley escribió *Un llamado ferviente a personas razonables y religiosas*, también escribió un tratado titulado *Naturaleza, propósitos y normas generales de las Sociedades Unidas*. En éste, obviamente dirigido a sus simpatizantes y seguidores, establece la condición fundamental para obtener membresía en las sociedades metodistas y de igual manera establece tres requisitos básicos. La condición fundamental era: «El deseo de huir de la ira venidera y de ser salvos de sus pecados»,[5] y los tres requisitos básicos eran los siguientes:

> En primer lugar, no haciendo daño a nadie, evitando toda forma de mal, ... En segundo término, practicando el bien, siendo misericordiosos en la medida de su capacidad, y haciendo el bien a todos de la manera más amplia según tengan oportunidad... En tercer lugar, asistiendo a las ordenanzas de Dios que son:
> - el culto público de Dios
> - el ministerio de la Palabra, ya sea leída o expuesta
> - la Cena del Señor
> - la oración familiar y privada
> - el escrutinio de las Escrituras y
> - el ayuno o abstinencia.[6]

En 1746 Wesley publicó su primer tomo de sermones que contenía lo que había predicado en diversas ocasiones. Como se dijo al principio de esta sección, Wesley publicó estos sermones con el deseo de alcanzar a la gente que no podía visitar ni predicar personalmente. Por esta misma razón también el costo de la mayoría de sus publicaciones era reducido. Muchas de ellas se vendían por un centavo.

Otra obra importante de Juan Wesley fue la que terminó de escribir en 1755, después de varios años de trabajo y estudio, bajo el título *Notas al Nuevo Testamento*. Este libro era un comentario bíblico, escrito con palabras sencillas con la intención de explicar el Nuevo Testamento a personas que eran nuevas en la fe cristiana. Años más tarde, en 1765, y con el mismo propósito, publicó el *Prefacio a las notas al Antiguo Testamento*.

Quizás, de todos los escritos de Juan Wesley, los que fueron de más éxito y de mayor circulación fueron los referentes a la perfección cristiana y su libro titulado *Medicina elemental (Primitive Physick)*. El primero tiene como título *Pensamientos sobre la perfección cristiana*, publicado en 1759. Este tratado constaba de 30 páginas y ahí Wesley defendía y explicaba lo que significa ser un cristiano perfecto. Esta publicación levantó gran polémica y muchos empezaron a cuestionar a Wesley respecto a su posición teológica y su entendimiento de la perfección cristiana. Wesley respondió con una nueva publicación de este mismo tratado en 1763 que tituló *Más pensamientos sobre la perfección cristiana*. Finalmente, y como resumen de todos sus escritos anteriores sobre este tema, Wesley escribió y publicó *Una clara explicación de la perfección cristiana* en 1766. Sin embargo, este tratado fue revisado y publicado varias veces hasta su última edición en 1777. Estos tratados fueron muy populares y ampliamente leídos por los seguidores de Wesley (y por sus opositores también) de tal manera que muchas de estas publicaciones se agotaban debido a su gran demanda. Por supuesto que el contenido de estos tratados fue controversial y su análisis requiere atención especial, lo cual se hará más adelante en este libro. Pero por el momento baste mencionar la popularidad de estos escritos referentes a la perfección cristiana.

Con respecto a *Medicina elemental*, publicado en 1747, podemos decir que Wesley lo escribió con el propósito de educar a sus lectores sobre formas básicas de higiene personal y de proveer remedios caseros efectivos para tratar enfermedades comunes. Con esto Wesley intentaba resolver dos problemas. En primer lugar, *Medicina elemental* proveía instrucciones prácticas y sencillas para la protección contra ciertas enfermedades y para la prevención de la propagación de enfermedades contagiosas. El segundo problema que Wesley intentaba resolver a través de este libro era dar ayuda médica y adecuada a un bajo costo. Los servicios médicos y de salud del siglo XVIII eran prácticamente inaccesibles a la gente común. Por esta razón el índice de mortalidad era muy alto entre la gente pobre. Así que *Medicina elemental* proveía métodos sencillos para cuidar y atender a personas con enfermedades comunes. Además, Wesley también tenía una motivación teológica para la publicación y distribución de este libro. En la introducción escribió: «Basado en el principio de hacer el bien a toda persona usando los talentos que Dios nos ha dado, he publicado el libro *Medicina elemental: Un método fácil y natural de curar la mayoría de las enfermeda-*

des.»[7] En la preparación de este libro Wesley pasó varios años estudiando e investigando remedios caseros, las propiedades curativas de diferentes hierbas y la electricidad (sí, pues Wesley estaba convencido de que usada adecuadamente, la electricidad tenía la capacidad de ayudar a restaurar la salud física), además de consultar con médicos y farmacólogos. Muy pronto este libro cobró gran popularidad, tanto que Wesley recomendó que cada miembro de las sociedades metodistas debiera tener una copia. Este libro, sin embargo, no sólo fue popular entre los metodistas. De hecho, llegó a ser uno de los más populares en Inglaterra y en las colonias inglesas. Debido a ello Wesley diseñó una edición de bolsillo que era fácil de tener a la mano y de enviar en cantidades mayores a las colonias inglesas. Así pues, para el año 1828, ya se habían hecho 23 ediciones en Inglaterra, y no menos de 7 en las colonias de América entre 1764 y1839.[8]

Wesley escribió muchos otros tratados, cartas, panfletos, editoriales, artículos en revistas, además de editar obras clásicas para su publicación con un vocabulario sencillo y costos accesibles. Como editor, se dio a la tarea de realizar una *Biblioteca Cristiana*, que consistiría de diferentes libros que consideraba básicos y esenciales para la fe cristiana. En este proyecto trabajó desde 1749 a 1755. También editó dos tomos de historia de la iglesia universal y de la Iglesia de Inglaterra en particular. Pero quizás su trabajo como editor es mejor conocido por su labor en la *Revista Arminiana*. Esta revista surgió en respuesta a las controversias y diferencias teológicas entre Wesley y los teólogos calvinistas. El primer número de esta revista fue publicado el 1 de noviembre de 1778.

Casi al final de su vida, Wesley se dedicó a publicar y editar artículos, tratados y libros que tenían que ver con la educación y pedagogía. Por ejemplo, en 1783 escribió *Pensamientos sobre la manera de educar niños,* en defensa de las prácticas pedagógicas utilizadas en las escuelas metodistas. Otra publicación fue *Apacibles palabras a nuestras colonias americanas,* en 1775, donde presentaba su opinión con respecto a la guerra de independencia de las colonias americanas. En *La carta a un católico romano* exponía las diferencias y similitudes entre la tradición protestante y la católica, y cómo el metodismo era una combinación saludable entre ambos. Finalmente, su última publicación de importancia, en 1790, fue una revisión de su traducción del Nuevo Testamento.

C. La misión en las colonias inglesas de América y su partida al hogar celestial

El inicio del trabajo metodista en lo que ahora es Estados Unidos se encuentra en los informes de la conferencia celebrada en 1770. En esta conferencia, el informe general establecía que ya había una membresía de 29,406 miembros bajo el cuidado de 121 predicadores y 50 circuitos de predicación, de los cuales uno correspondía a la obra misionera en las colonias americanas. En los estados unidos la labor metodista estaba concentrada primordialmente en la región de Nueva York y contaba con el liderazgo de Felipe Embury, un emigrante irlandés radicado en la ciudad de Nueva York desde 1760, quien en su país natal había sido predicador laico; Barbara Heck, quien ministraba entre los inmigrantes recién llegados y era respetada en la comunidad por su dedicación y vida santa; y el Capitán Webb, un militar que había emigrado por razones de trabajo y en servicio al gobierno y que al igual que el Sr. Embury había sido predicador laico en una de las sociedades metodistas de Inglaterra. El ministerio del Capitán Webb creció tanto que fue necesario construir una capilla, que fue dedicada con un servicio especial en 1768.

La labor y ministerio metodista pronto se extendieron, y como resultado de esta labor se empezaron a formar grupos metodistas en Pennsylvania, Massachusetts, Maryland y Virginia. Ante este crecimiento, los predicadores laicos de estos lugares, encabezados por el Capitán Webb, escribieron una carta a Juan Wesley solicitando su ayuda y apoyo. Wesley leyó la carta a la conferencia y luego hizo una invitación abierta para buscar voluntarios que se sintieran llamados por Dios para responder a la necesidad y trabajo en esas regiones. Dos predicadores respondieron a este llamado, Boardman y Pilmoor. Una vez que aceptaron este llamado, la conferencia levantó una ofrenda para sufragar los gastos del viaje y para apoyarlos en su nuevo ministerio en el «campo misionero». Cuando los predicadores enviados por Wesley llegaron a la ciudad de Nueva York, se encontraron con una sociedad con más de cien miembros y una capilla donde en ocasiones más de mil personas se apretujaban para escuchar al predicador.

Es importante notar que el amigo de Wesley desde los años en Oxford, y con quien Wesley había tenido serias diferencia teológicas, Jorge Whitefield, también había decidido iniciar trabajo misionero en las colonias. Los últimos años del ministerio de Whitefield los pasó entre Inglaterra y las colonias inglesas de América, pero en septiembre de 1769, después de haber pasado cuatro años en Inglaterra, partió al campo misionero del llamado «Nuevo Mundo», y fue en ese campo misionero que Jorge Whitefield murió el 30 de septiembre de 1770. Meses antes de que Whitefield partiera al campo misionero, Wesley y Whitefield habían intercambiado cartas, ahora ya en un tono más amigable, y se reconciliaron a pesar de sus diferencias teológicas.

En la obra misionera en las colonias americanas, al igual que en los inicios del metodismo en Inglaterra, los predicadores laicos desempeñaban todas las funciones propias de un ministro ordenado, pero sin ofrecer los sacramentos (bautismo y la santa cena). Al igual que en Inglaterra, pero aun más en las colonias inglesas, esta actitud y forma de organización era casi imposible de sostener. En particular porque en las colonias no había suficientes ministros ordenados en la Iglesia Anglicana y por lo tanto era imposible administrar los sacramentos con regularidad a los miembros de las sociedades metodistas. También debemos recordar que durante este tiempo las colonias ya habían iniciado la batalla ideológica a favor de su independencia que más delante se convertiría en una batalla armada. Por esta razón, el sentimiento de independencia crecía y los independentistas y otros simpatizantes no consideraban correcto que las sociedades metodistas dependieran de ministros anglicanos.

Después que se ganó la independencia de las colonias, el problema para Wesley y el metodismo se agudizó, ya que la Iglesia Anglicana, leal a la monarquía inglesa, retiró la mayoría de sus ministros de esos territorios. Un ejemplo de esta crisis es el caso de Virginia, donde antes de la guerra había 91 ministros y después de ella sólo quedaron 28. La situación era tan desesperante para las sociedades que algunas de ellas decidieron «ordenar» a los pastores laicos más ancianos y los de más experiencia para otorgarles el privilegio de ofrecer los sacramentos. Una vez que esta ceremonia de ordenación se llevó a cabo, y que de hecho algunos de estos pastores empezaron a impartir los sacramentos, un líder metodista, Francis Asbury, persuadió a estas sociedades y a los pastores ordenados a retractarse y esperar una respuesta definitiva de Juan Wesley.

Por su parte, viendo esta situación, Wesley le rogó a un obispo anglicano que impusiera sus manos y consagrara a varios de los predicadores metodistas para servir los sacramentos al creciente número de metodistas en el territorio americano. Cuando el obispo rechazó la petición, Wesley se vio forzado a tomar una decisión que tendría grandes repercusiones. De permanecer bajo los auspicios de la Iglesia Anglicana y depender de sus ministros para los sacramentos, perdería cientos y quizás millares de personas que eran miembros de las sociedades metodistas en el naciente país. Después de estudiar con detenimiento los pasajes bíblicos referentes a la ordenación de presbíteros y los que tienen que ver con la organización eclesiástica, Wesley decidió consagrar al Dr. Tomás Coke como superintendente de la obra en América. El Dr. Coke no aceptó de inmediato, sino que antes se dedicó a orar y escudriñar las Escrituras, y después de hacerlo aceptó el llamado de Wesley para esta tarea.

El 2 de septiembre de 1784, en Bristol, el Dr. Tomás Coke fue ordenado por Wesley y en la presencia del Rev. Santiago Creighton, para su labor como superintendente. Wesley fue cuidadoso de no utilizar la palabra obispo en el servicio de ordenación, puesto que no quería ocasionar más conflictos con la Iglesia Anglicana. Sin embargo, al poco tiempo de la llegada del Dr. Coke al Nuevo Mundo, los miembros y líderes metodistas creyeron que era propio y correcto que el Dr. Coke tomara el título y las responsabilidades episcopales, por lo cual se le reconoció como Obispo Coke. En esta capacidad otorgada por las sociedades metodistas, el ahora Obispo Coke ordenó y consagró a Francis Asbury como ministro ordenado de la naciente iglesia metodista episcopal. A fines del año de 1784, en Baltimore, y bajo la dirección del obispo Coke se reunieron aproximadamente 60 predicadores metodistas que se convirtieron en los fundadores de lo que después sería la Iglesia Metodista Episcopal de los Estados Unidos.

La decisión que Wesley tomó con respecto a las sociedades metodistas americanas, de muchas formas, es un reflejo de toda su vida y ministerio, ya que casi dos años antes de su muerte en 1789, escribió en su diario lo que consideró un resumen de su vida ministerial:

DOMINGO DE RESURRECCIÓN, 12 de abril. Tuvimos una reunión solemne en verdad; cientos de comulgantes en la mañana, y en la tarde, muchos más asistentes de lo que nuestro salón podía acomodar, a pesar de ser ahora mucho más grande. Después me reuní con la sociedad y les expliqué en general los planes originales de los metodistas; a saber, de no ser un grupo distinto, sino un grupo para alentar a los demás —cristianos o herejes— a adorar a Dios en espíritu y en verdad pero dentro de la Iglesia de Inglaterra en particular, a la que pertenecieron desde el comienzo. He mantenido esta perspectiva por cincuenta años, nunca alterando de ninguna manera la doctrina de la iglesia; ni tampoco su disciplina, por necesidad más que por preferencia. Así que en el transcurso de los años, la necesidad me exigió a (como lo he probado anteriormente): 1. predicar al aire libre; 2. orar de improviso o en forma extemporánea; 3. organizar sociedades; 4. aceptar la ayuda de predicadores laicos; y, en algún otro caso, por los medios disponibles, prevenir o remover males que sentíamos o temíamos.[9]

Esto nos muestra la lealtad de Juan Wesley a la Iglesia Anglicana y nos confirma que su deseo de servir a otros y llevar las buenas nuevas a toda criatura son las motivaciones principales de su ministerio. Fue debido a esto que Wesley se vio en la «necesidad» de pasar por alto ciertos nombres y costumbres de la Iglesia. De hecho, en este tiempo y hasta semanas antes de su muerte, Wesley seguía el mismo ritmo de vida: levantarse a las cuatro de la mañana, predicar cuantas veces fuese posible en un día, y viajar constantemente para visitar personalmente a sus pastores y las sociedades. De nuevo podemos ver de una manera evidente que el celo evangelizador de Juan Wesley nunca cesó, y baste decir que su último sermón al aire libre lo predicó cinco meses antes de su muerte a la edad de 88 años.

El último año de su vida fue particularmente difícil para Wesley. En su diario él mismo relata que sintió una notable diferencia en su estado de salud y energía. Pero también dice que estaba listo para responder al llamado de Dios. El fundador del movimiento metodista fue recibido en el hogar celestial el miércoles 2 de marzo de 1791 a las 10 de la mañana. En ese momento, los amigos que estaban presentes en su lecho de muerte cantaron un himno de alabanza. Los servicios funerales de Wesley habían sido organizados con anticipación, y más de 10,000 personas fueron a rendir honor y dar su última despedida a Juan Wesley. Fue enterrado en un cementerio junto a la capilla de City Road, en lo que ahora es parte de Londres. Todos estos detalles ya habían sido especificados en su testamento, al igual que la administración de sus bienes. A las sociedades metodistas les dejó todas las ganancias de la venta de sus libros; una pensión de 2,000 libras a la viuda de su hermano Carlos, el cual había muerto el 29 de marzo de 1788, y sus manuscritos los dejó a cargo del Dr. Coke, el Dr. Whitehead, y Enrique Moore. De nueva cuenta, e incluso hasta después de su muerte, Wesley tuvo la intención de servir a los demás con todos los talentos que Dios le dio. La tumba de Wesley lleva una inscripción que dice:

En memoria santa del
Rev. Juan Wesley, M.A.
Caballero del Colegio Lincoln, Oxford.
Un hombre de letras y sinceridad incomparables
en su celo y labor ministerial, la utilidad y extensión de estos
quizás supera a las de todo hombre
desde los días del Apóstol Pablo.
Sin importar la fatiga, riesgos personales y desgracias,
fue por caminos y veredas
llamando a los pecadores al arrepentimiento,
y publicando el evangelio de la paz.
Fue el fundador de las Sociedades Metodistas,
y el principal proponente del
plan de los predicadores itinerantes
quienes se extendieron por Gran Bretaña e Irlanda,
el Caribe y América,
con un éxito sin igual.
Nació el 17 de junio de 1703;
y murió el 2 de marzo de 1791;
con seguridad y certeza de la esperanza eterna
a través del sacrificio expiatorio y la mediación del Crucificado
Salvador.
Tenía sesenta y cinco años en el ministerio,
y cincuenta y dos de predicador itinerante:
Vivió para ver, en sólo estos reinos,
como trescientos predicadores itinerantes,
y como mil predicadores locales,
quienes fueron capacitados de entre su propia gente,
y como 80 mil personas estaban bajo el cuidado de las
Sociedades.

Su nombre siempre será recordado con gratitud
por todos los que se regocijan
en el esparcimiento universal del
evangelio de CRISTO.
Soli Deo Gloria.[10]

NOTAS

[1] La historia de Juan Wesley y Grace Murray es relatada por diferentes historiadores de diferentes maneras. La que se presenta aquí tiende a ser la más común. Sin embargo, la segunda más común es similar, pero en lugar de culpar a Grace por el rechazo de Juan Wesley, varios autores afirman que fue el propio Carlos Wesley quien propició el matrimonio de Grace y Juan Bennet, con el único afán de que Juan Wesley siguiera siendo el líder del movimiento metodista «sin ninguna distracción».

[2] La carta que Juan Wesley le escribió a su hermano Carlos es una muestra del amor y afecto que Juan sentía por Grace. Al final de la carta Wesley escribió: «La conclusión es ésta: 1) Tengo razones bíblicas para casarme. 2) No conozco otra persona tan apropiada como ella» (refiriéndose obviamente a Grace Murray). *Obras de Wesley*, Tomo XII, Diarios Tomo I, p. 221.

[3] Apodo dado a los calvinistas franceses, quienes fueron perseguidos por abrazar la fe protestante bajo el gobierno de Enrique II, 1547-59.

[4] *Obras de Wesley*, Tomo XII, Diarios Tomo II, p. 210.

[5] Ibid., Tomo V, Las Primeras Sociedades Metodistas, p. 52.

[6] Ibid., p. 53-55.

[7] *Works of Wesley*, Vol. XIII, p. 389.

[8] Oscar Sherwin, *John Wesley Friend of People* (New York: Twayne Publishers, 1961), p. 133.

[9] *Obras de Wesley*, Tomo XII, Diarios Tomo II, p. 312.

[10] *The Works of John Wesley*, Vol. V, p. 549 (traducción propia).

SEGUNDA PARTE:
La teología de Juan Wesley

Capítulo 6
La imagen de Dios y la condición del ser humano

Antes de iniciar esta segunda parte, es importante explicar la transición y conexiones entre la vida y ministerio de Juan Wesley y su teología «sistemática». De hecho, para ciertos autores, hablar de una teología wesleyana sistemática es debatible, ya que se dice que Wesley fue un teólogo práctico y que nunca escribió una teología sistemática y/o formal, como lo hizo por ejemplo Juan Calvino en sus Instituciones.

Aunque hasta cierto punto es verdad que Wesley nunca escribió una explicación organizada sobre la persona y obra de Dios en el mundo, atreverse a decir que no podemos encontrar una teología sistemática en los escritos de Wesley o que no podemos hablar de una teología wesleyana por la ausencia de un escrito que organice y explique sistemáticamente la doctrina cristiana, es simplemente erróneo. La teología de Wesley no se encuentra en un tratado único y específico, sino que se encuentra diseminado en todo lo que escribió, y que refleja sus luchas y victorias. Así que la teología de Wesley es una teología sistemática incrustada en la práctica y la experiencia personal. Wesley no escribió teología especulativa; Wesley vivió su teología. La teología de Juan Wesley no es sólo producto de largas horas de estudio de libros y consulta de las Sagradas Escrituras; también es el producto de la aplicación práctica de este estudio en su vida personal. Por eso puede invitar a los demás a experimentar lo que él ha aprendido a través de su vida y sus estudios. Así pues, la teología de Wesley es una teología práctica y no abstracta, como son la mayoría de las teologías sistemáticas. La teología de Wesley es reflejo y testimonio de su jornada espiritual, y una invitación a ir juntos en la jornada espiritual rumbo a la meta (que Wesley cree es la santidad).

Es por eso que la siguiente sección seguirá la pauta marcada por la vida y jornada de Juan Wesley. Al seguir el orden marcado por él, usando sus escritos, sus experiencias y su propio testimonio, esperamos desarrollar un tratado organizado y explicativo de la obra e identidad de Dios, pero sin separarlo de la vida diaria y común, sino como parte de ella. De esta manera se explicará lo que acontece antes de la salvación, durante la salvación, después de la salvación, antes de la santidad, después de la santidad y finalmente la vida eterna.

A. *La soberanía de Dios y la libertad humana en la creación*

¿Por qué empezar con la creación y no con la salvación o con una descripción general del carácter divino? La respuesta es sencilla. Wesley mismo la ofrece en su sermón *El nuevo nacimiento*. En este sermón, nos remite a la doctrina de la creación y nos da una amplia explicación de lo ocurrido ahí antes de entender la importancia y necesidad de la experiencia de la salvación. Wesley dice:

> En primer lugar, ¿Por qué debemos nacer de nuevo? ¿Cuáles son los fundamentos de esta doctrina? Su fundamento es casi tan profundo como la creación del mundo, en el relato bíblico donde leemos que el Dios trino dijo: «Hagamos al hombre a nuestra imagen, conforme a nuestra semejanza... Y creó Dios al hombre a su imagen, a imagen de Dios lo creó» (Gn. 1:26, 27). No solamente a su imagen natural, figura de su propia inmortalidad, un ser espiritual dotado de entendimiento, libre albedrío y diversos afectos; tampoco meramente a su imagen política, gobernador del mundo inferior, que tuviera «potestad sobre los peces del mar, las aves de los cielos y las bestias, sobre toda la tierra...», sino mayormente a su imagen moral, la cual, conforme al apóstol, es justicia y verdadera santidad. Conforme a esta imagen de Dios fue hecho el ser humano. Dios es amor, por consiguiente el humano, al ser creado, estaba lleno de amor, el cual era el principio único de todos sus estados de ánimo, pensamientos, palabras y acciones. Dios está lleno de justicia y misericordia y verdad: así

era el humano al salir de las manos de su Creador. Dios es pureza inmaculada: y así era el ser humano en el principio, puro y sin mancha pecaminosa alguna… Pero aunque el humano fue hecho a la imagen de Dios, sin embargo no fue hecho inmutable. Esto hubiera sido incompatible con el estado de prueba en que Dios quiso colocarlo. Por lo tanto, fue creado capaz de permanecer firme y, sin embargo, sujeto a la posibilidad de caer. Y de esto Dios mismo le previno y le dio una solemne advertencia al respecto. Sin embargo, el hombre no permaneció en honra. Cayó de su alto estado. Comió del árbol del cual Dios le había ordenado: «No comerás de él». Mediante este acto voluntario de su desobediencia a su Creador, esta rebelión lisa y llana contra su Soberano, declaró abiertamente que ya no quería que Dios gobernase sobre él; que deseaba ser gobernado por su propia voluntad de quien le había creado, y que no buscaría su felicidad en Dios, sino en el mundo, en las obras de sus manos.[1]

Los temas que Wesley desarrolla en esta porción de su sermón son esenciales para obtener una correcta interpretación de la soberanía de Dios y de la libertad humana. En primer lugar, de una manera implícita se nos muestra a Dios como el creador del universo. El mundo y sus habitantes son creados por Dios. Esta creación es el resultado del amor divino y es una expresión del deseo de Dios de establecer una relación de amistad con toda la creación, no solamente con los seres humanos. Si desde el principio el carácter de Dios es amor (como lo afirma Wesley), la creación del universo es una demostración del amor universal de Dios. Podemos decir, entonces, que en su soberanía, y movido por su amor infinito, Dios creó los cielos y la tierra. Nadie lo obligó. No fue persuadido por alguna persona o ser. Fue por su buena voluntad, por amor y con amor que Dios creó el Universo con el poder de su palabra. Esta idea sobre la soberanía de Dios que Wesley expone está en total acuerdo con la mayoría de los teólogos a través de la historia de la iglesia, incluso Juan Calvino. Pero la interpretación de lo que sucede después y el papel de la libertad humana en el relato de la creación es algo que distingue a Wesley, y por eso quienes afirman esta posición son llamados wesleyanos-arminianos.

En cuanto a esto Wesley afirma claramente que el ser humano tenía la libertad de decidir entre obedecer y desobedecer a Dios. Es decir, que en su perfecto amor y su perfecta creación Dios diseñó al ser humano con esta capacidad, a la cual Wesley llama *libre albedrío*.

Si Dios no hubiera creado al ser humano con esta capacidad —de acuerdo con Wesley— el amor del ser humano para Dios no sería real, ni genuino, ni tendría valor moral. Si Dios hubiera creado a los seres humanos de tal manera que sola y definitivamente amaran a Dios sin ninguna otra alternativa, entonces ni sus expresiones de amor y afecto, ni su adoración a Dios serían un producto de su voluntad; serían el producto de un Dios que les había «creado» («obligado») de esta manera, y puesto que no tenían ninguna otra alternativa, el amor no sería «real».

El Dr. Jerry Walls, profesor de filosofía de la religión en el Seminario Asbury, ilustra lo que Wesley trataba de explicar aquí, y espero que también sea útil para el lector como lo fue para mí. Supongamos que soy un hombre soltero y que el deseo de mi vida es casarme y compartir mi vida y mi amor al lado de la mujer de mis sueños. Pero por diferentes razones este sueño ha sido truncado y cada día que pasa parece más y más distante. En búsqueda de ese sueño, y después de pasar varios años investigando y estudiando, se llegó a descubrir una píldora mágica con la capacidad de enamorar a quien la consumiera. Al momento en que la persona ingiriera la píldora se llenaría de un amor incondicional por mí, me amaría con locura y sin condiciones. Ahora, si yo le diera la píldora a una mujer sin que ella se diera cuenta, instantáneamente la píldora provocaría su efecto y ella expresaría su amor por mí. La pregunta es, el amor de esta mujer por mí, ¿es válido? ¿Tiene valor moral? ¿El amor que ella me tiene es genuino? ¿Por qué? Obviamente la respuesta a las tres primeras preguntas es «no», puesto que ella fue obligada a que se enamorara de mí, sin tomar en cuenta su voluntad.

De la misma manera, Wesley explica la relación entre Dios y los seres humanos afirmando que Dios, siguiendo su carácter santo y perfecto, nunca obligaría a alguien a que lo amara incluso en contra de su voluntad. En otras palabras, Dios nunca utilizará su poder (la píldora mágica) para asegurar el amor de las personas. Dios —al igual que nosotros lo hacemos con otra persona— sí tratará de persuadirnos y cautivarnos con su amor para que lo amemos de manera voluntaria.

Esta ilustración y la explicación de Wesley del relato de la creación nos llevan a entender dos puntos que son cruciales para la teología wesleyana y que sirvieron como fundamento para el resto de la jornada espiritual de Wesley, y pueden servir para la nuestra hoy. En primer lugar, Dios es soberano, pero eso no significa que Dios va a obligar a alguien a que haga algo que no quiere. La soberanía de Dios está limitada por su carácter santo y perfecto; es decir que aunque Dios tiene la capacidad de hacer lo que le plazca, no hará algo que vaya en contra de su carácter. En este caso, nunca violará la libertad humana y siempre respetará las decisiones de las personas, aun y cuando sean en contra de la voluntad de Dios y en perjuicio de ellas mismas o de alguien más.

En segundo lugar, si no estamos de acuerdo con esta posición y no creemos que la soberanía de Dios está limitada, hasta cierto punto, por la libertad del ser humano, entonces, ¿quién es moralmente responsable por las acciones de los seres humanos? Como sabemos, el relato de la creación afirma que Adán y Eva desobedecieron la orden de Dios. Si ellos no tenían libertad para hacer esto, entonces, ¿cómo fue que sucedió? ¿Acaso Dios lo propició? Si decimos que sí, entonces de manera indirecta estamos afirmando que Dios fue moralmente responsable por la caída y el pecado de Adán y Eva. Pero si estamos de acuerdo con la explicación de Wesley sobre el relato de la creación, y seguimos su posición, entonces veremos que Dios no es moralmente responsable por las decisiones de los seres humanos. Más bien, nos daremos cuenta que la libertad que Dios otorga también trae consigo la responsabilidad moral por las decisiones que uno pueda tomar. Así pues, amar o no amar a Dios, seguir los consejos de Dios o descartarlos, vivir una vida que agrade a Dios o una que niegue el amor divino, todo ello es responsabilidad nuestra. Por supuesto que Dios tratará de persuadirnos para amarlo, pero la decisión final es nuestra. Debemos tener presente que sobre esa base seremos juzgados y por lo tanto debemos tomar responsabilidad por cada una de estas decisiones.

Volviendo a la historia de la creación, Wesley explica que los seres humanos tenían la libertad de decidir entre amar a Dios y obedecerle, o dejar de amarle y buscar la felicidad por sí mismos, y que finalmente los seres humanos se rebelaron en contra de Dios. En mi opinión, esta es la raíz del pecado. Éste no consiste tanto en la desobediencia a una orden dada por Dios (no comer del fruto prohibido), sino en rechazar y cambiar el amor de Dios por un amor egoísta, por un amor centrado en uno mismo y no en Dios. Como dijimos al principio, el amor de Dios que nos muestra en la creación es un amor desinteresado y sin condiciones, es un amor que tiene la esperanza de que los seres humanos respondan a este amor de la misma manera y demostrando el mismo tipo de afecto. Pero, como el relato de la creación lo indica, y como todos lo hemos experimentado, nuestras decisiones y actitudes demuestran un egoísmo patético. Buscamos satisfacer nuestros deseos primero, buscamos lo que nos agrada sin consideración alguna por quienes nos rodean, y mucho menos por Dios.

B. La imagen de Dios: La condición del ser humano antes y después de la caída

En la misma cita del sermón sobre *El nuevo nacimiento*, Wesley describe tres aspectos y funciones de la imagen de Dios en relación al ser humano. Según la explicación que Wesley da, la imagen de Dios es natural, política y moral. Sobre la primera de ellas, Wesley afirma que al momento de ser creado el ser humano, refleja los atributos naturales de Dios. Es decir, que al crear al ser humano a Su imagen y semejanza, Dios le transfiere sus atributos naturales como la inmortalidad, el entendimiento, el libre albedrío y diversos afectos. De esta manera Wesley afirma que el ser humano fue creado para vivir eternamente, por lo que la imagen de Dios en el ser humano refleja la eternidad.

Ahora bien, estos atributos naturales de Dios que son transferidos al ser humano, como un sello de aprobación de la imagen de Dios en el ser humano, de ninguna manera hacen a los seres humanos como dioses. Por ejemplo, al ser transferida/reflejada la eternidad en el ser humano, esto no significa que las personas adquieran eternidad como la de Dios. Ser eterno, como la misma palabra lo indica, es no tener principio ni fin. Obviamente el relato de la creación precisamente nos describe el inicio, el comienzo, de la existencia de la humanidad, y puesto que los seres humanos tienen principio no pueden ser eternos. Sin embargo, la imagen de Dios en el ser humano al momento de la creación le da la capacidad de no tener fin, es decir que fue creado no como ser mortal, sino inmortal. Lo mismo sucede con el resto de los atributos naturales que son parte de la imagen de Dios reflejada en cada persona. Por lo tanto, Dios que todo lo sabe, le da razón y discernimiento al ser humano para que pueda tomar decisiones y responder al llamado de Dios; le da libertad como ya explicamos anteriormente; y le da afecto, la capacidad de expresar sentimientos y entablar relaciones personales con otros seres y con Dios.

Con la imagen política de Dios impresa en el ser humano, Wesley se refiere a la capacidad de mayordomía y administración de los recursos naturales que Dios ha creado. Esto no quiere decir que los seres humanos se conviertan en dueños y soberanos del mundo, sino más bien que Dios extiende la invitación y les da la capacidad para que sean copartícipes en la obra de Dios. Es a través de esto que los seres humanos continúan el trabajo que Dios ha iniciado, así que administrando adecuadamente estos recursos naturales reflejan el carácter del Dios creador. Es importante enfatizar esto, pues cuando Wesley habla de la salvación y la santidad, también se refiere a estas formas de recuperar la imagen de Dios. Por lo tanto, si la imagen política divina incluye los recursos naturales y su administración que reflejan el carácter de Dios, entonces los cristianos somos responsables por el bienestar y la armonía que deben reinar en el medio ambiente.

Finalmente, Wesley afirma que otro aspecto/función de la imagen de Dios en el ser humano es la «impresión» de la moralidad divina en cada persona. Para explicar esta imagen moral, Wesley nos menciona tres de esos atributos: amor, justicia y misericordia. Aquí provee una interesante conexión con el pasaje de Miqueas 6:8: «Hombre, él te ha declarado lo que es bueno, lo que pide Jehová de ti: solamente hacer justicia, amar misericordia y humillarte ante tu Dios». Así que, al igual que con la imagen política, Wesley nos da una descripción de las expectativas de Dios con respecto a nuestro carácter y también nos ayuda a entender lo que quiere decir respecto a la relación del proceso de la salvación y santificación con la restauración de la imagen de Dios.

C. La imagen de Dios después de la creación

Una vez más el sermón sobre *El nuevo nacimiento* nos ayuda a encontrar la explicación que Wesley da sobre los acontecimientos e implicaciones después de la caída que se encuentra en el tercer capítulo del libro de Génesis. Wesley dice:

Por consiguiente, en ese día [el día de la caída] murió [el ser humano]: Murió para Dios, la más espantosa de todas las muertes. Perdió la vida de Dios: Fue separado de aquél en cuya unión consistía su vida espiritual. El cuerpo muere cuando se separa del alma; el alma cuando se separa de Dios. Pero Adán padeció esta separación de Dios en el día y la hora en que comió del fruto prohibido. Y de ello dio prueba inmediata, mostrando al momento por su conducta que el amor de Dios se había extinguido en su alma, la cual estaba ahora ajena de la vida de Dios. En su lugar, estaba ahora bajo el poder del miedo servil, de modo que huyó de la presencia del Señor. Ciertamente, tan poco retenía del conocimiento de aquél que llena los cielos y la tierra que se escondió «de la presencia de Jehová Dios entre los árboles del huerto» (Gn. 3:8). Así había perdido tanto el conocimiento como el amor de Dios, sin los cuales la imagen de Dios no puede subsistir. Por lo tanto, al mismo tiempo fue privado de ella, y quedó desprovisto de santidad y de felicidad. En lugar de éstas, quedó sumergido en el orgullo y la obstinación, que son la misma imagen del diablo, y en los deseos y apetitos sensuales, a imagen de las bestias que perecen.[2]

De aquí es claro que, para Wesley, en el momento de la caída —cuando el pecado entra en la vida— la existencia del ser humano es seriamente trastornada y a partir de allí, en lugar de la armonía y el amor que Dios ofrecía, son la muerte y el egoísmo que gobiernan su vida.

Las consecuencias de la entrada del pecado son trágicas y múltiples. La primera que señala Wesley es la muerte espiritual, es decir, la pérdida de la amistad y relación personal entre Dios y la humanidad. En base a la libertad que Dios le ha dado a los seres humanos, y dado que han rechazado la amistad y la relación que ofrece, Dios no puede más que abandonarlos a sus deseos y respetar su decisión. Pero al momento que esto sucede, el hombre y la mujer se dan cuenta de la gravedad de su decisión. Por primera vez, experimentan temor, se sienten avergonzados, y ahora se dan cuenta que no pueden tener una relación con Dios, y que lo han perdido para siempre. Así pues, el hombre y la mujer están privados de los privilegios que brinda la amistad con Dios. Ahora se encuentran vacíos y teniendo que confiar en sus propios pensamientos sin la ayuda del que lo conoce todo. Ahora tienen que buscar su sustento, sin la ayuda del Creador y Sustentador de la vida. Ahora los inunda el temor, y no tienen la confianza y paz que sólo Dios puede dar. Ahora la duda y la incertidumbre han llenado tanto sus cabezas que se acusan el uno al otro tratando de justificar sus acciones, y esto nos muestra que ya no cuentan con el amor genuino y la integridad que tenían antes de su rebeldía.

La segunda consecuencia que Wesley señala es la muerte física. Según Wesley, a pesar de que ésta no sucede de una forma automática e instantánea, después de la caída los seres humanos pierden la habilidad de vivir sin probar la muerte. Los cuerpos que Dios les ha dado empiezan a deteriorarse y experimentar dolores, sufrimiento, para finalmente dejar de funcionar. Es decir, que una de las consecuencias de la caída y del pecado es el propio deterioro y desgaste de nuestros cuerpos. Las múltiples consecuencias de este desgaste producen tragedias que pueden afectar a seres inocentes (por ejemplo, cuando se deterioran nuestros reflejos y respondemos más lentamente, estamos más propensos a ocasionar accidentes). De igual manera, la pérdida de nuestra agilidad mental puede ocasionar momentos trágicos cuando al estar a cargo de proyectos importantes nuestra percepción es limitada por nuestra capacidad mental que cada día se deteriora. Como podemos observar, con esto Wesley empieza a crear el fundamento para contestar a la pregunta ¿por qué suceden cosas malas a personas buenas? Con su explicación de la caída y la relación que tiene con el deterioro físico y mental, Wesley provee una respuesta preliminar a esta difícil pregunta.

Otra observación que Wesley hace, quizás de una manera más implícita, es la muerte social como consecuencia de la caída. Nos referimos al capítulo 4 de Génesis, donde una de las consecuencias inmediatas a la entrada del pecado en el mundo es descrita por el relato de Caín y Abel, donde el mayor de los hermanos, guiado por su egoísmo (la raíz del pecado) asesina a su hermano menor. Así pues, podemos observar que no sólo hemos perdido nuestra relación con Dios, con la naturaleza, y que nuestros cuerpos se han deteriorado, sino también que nuestro egoísmo nos lleva a acciones que destruyen la estabilidad social, a decisiones que son mortales y opresivas, y al uso de medios violentos para lograr nuestros objetivos sin ninguna consideración por el bienestar de nuestro prójimo. Es así que nos encontramos con una situación alarmante, en la que cada persona busca su propio beneficio personal y, para la cual no hay esperanza.

Es importante notar que algunos autores —basados en los escritos de Wesley— prefieren afirmar que la imagen de Dios, después de la caída, no fue destruida totalmente, sino sólo de forma parcial. Por ejemplo, Mildred Bangs Wynkoop escribe:

> Para Wesley y sus seguidores, la imagen de Dios está dañada por todas partes, pero no destruida; puesto que destruir la «imagen» privaría al hombre de su humanidad. Pero, en el criterio de Wesley, la libre gracia de Dios es la única causa por la que es preservada cualquier imagen de humanidad. Sin la gracia, los hombres «llevarían a la semejanza del diablo».[3]

Quienes siguen esta línea de pensamiento donde la imagen de Dios fue perdida sólo parcialmente, proveen la base para señalar el importante papel que desempeña el concepto de la gracia divina y preventiva. Si la imagen divina no fue destruida, sino solamente distorsionada, esto deja al ser humano con la posibilidad de responder al llamado de Dios y aceptar la salvación que Dios ofrece. De esta manera la imagen de Dios, aunque no en su totalidad, ha sido preservada por la gracia de Dios. Es aquí que los que creen que la imagen de Dios fue perdida totalmente[4] concuerdan con los que creen que fue perdida parcialmente, ya que ellos también hacen alusión a la gracia preventiva, como la que restaura, hasta cierto punto, los atributos morales de Dios en las personas. La gracia a que se refieren ha sido otorgada a cada persona, y por lo tanto ambas explicaciones llegan a la misma conclusión pero por rutas diferentes. El estudio de la gracia preventiva será el tema del próximo capítulo de este libro. Pero antes nos ocuparemos de explicar cómo el pecado y la caída de Adán y Eva se trasmite al resto de la humanidad, lo que comúnmente se conoce como *pecado original.*

D. El pecado original

Wesley concuerda con la Iglesia Anglicana respecto a esta doctrina y afirma lo que encontramos en el artículo noveno de los Artículos de Fe de la iglesia, que:

el pecado original … es la corrupción de la naturaleza de cada persona, … por lo cual . . . se inclina en su propia naturaleza al mal, de tal manera que el deseo de la carne es contra el Espíritu... Y esta infección de la naturaleza permanece en los regenerados, en donde el deseo de la carne … no se sujeta a la ley de Dios. Y aunque no hay condenación para los que creen … sin embargo, esta concupiscencia tiene de por sí el carácter de pecado.[5]

En esta definición podemos observar que el pecado original es una inclinación constante y permanente al mal, que existe de una manera intrínseca en cada persona, sea cristiana o no. Wesley añade,

Mientras quien nació ciego permanece ciego, apenas sabe de su carencia. Mucho menos, si pudiésemos suponer un lugar donde todos nacieran sin vista, sabrían éstos su necesidad. Del mismo modo, mientras los seres humanos permanecen en su natural ceguera de entendimiento no saben de sus necesidades espirituales.[6]

De la misma manera que Wesley argumenta que la gracia de Dios se da gratuitamente a toda persona (cristiana o no), también el pecado original —la tendencia pecaminosa— mora en todo ser humano. Welsey lo afirma diciendo que «(La humanidad) en su estado natural, sin la asistencia de la gracia de Dios, todo designio de los pensamientos del corazón de ellos es todavía malo, solamente malo, y esto continuamente».[7] Indudablemente el pecado original es intrínseco a la humanidad. Wesley dice,

En Adán todos murieron, por la desobediencia de un hombre muchos fueron constituidos pecadores, todos los seres humanos, sin excepción, que ya estaba en él cuando comió del fruto prohibido. El trabajo de la huerta nos ofrece un notable ejemplo: haciendo injertos en un manzano silvestre se obtienen frutos de excelente calidad, pero ¿qué ocurre si plantamos las semillas de estos frutos? Pues se obtienen las manzanas más ácidas que sea posible imaginar.[8]

Así pues, la semilla está corrupta y no importa dónde se plante, su tendencia será y, de hecho, siempre producirá manzanas ácidas. Sólo con el injerto de la Vid Verdadera es que los frutos se transforman en dulces y aceptables. En Cristo, los cristianos tienen la capacidad de dominar y controlar el pecado original, la tendencia al mal; puesto que el pecado original no se puede erradicar, sólo es posible controlarlo, limitarlo. Creyentes y no creyentes son responsables delante de Dios por controlar el pecado original, pero no son directamente responsables por la presencia de ese pecado, que es una herencia de Adán y Eva. Contrario a la posición calvinista, que afirma que todas las personas han sido condenadas y que la presencia del pecado original en ellas es una evidencia de esta condenación, Wesley afirma lo siguiente:

> ... (El) pecado cometido por Adán en el paraíso, admito que tal pecado es imputado a todo ser humano, por lo cual *toda la creación gime a una, y a una está con dolores de parto hasta ahora.* Pero no admitiré que alguien pueda ser condenado únicamente por esto, hasta que me muestren donde está escrito. Si presentan pruebas claras y tomadas de las Escrituras, lo aceptaré, pero hasta en tanto no lo hagan, lo niego rotundamente.[9]

Es así que Wesley niega la condenación por la exclusiva presencia del pecado original en la vida de los seres humanos y en la vida de los cristianos. Wesley no cree que el pecado original, pese a que se encuentra presente en la vida del creyente, sea motivo de condenación. El pecado original no impide la salvación que Dios ofrece en Cristo. Wesley concluye este argumento de la siguiente manera:

> Pero ¿puede Cristo morar en el mismo corazón donde hay pecado? Indudablemente que sí; de otra manera la persona no pudiera ser salva. Donde está la enfermedad, allí está el médico, continuando su obra interna luchando por erradicar el pecado. Cristo ciertamente no puede *reinar* donde el pecado *reina*, ni tampoco puede *morar* donde todo pecado se *permite.* Pero él *reina y mora* en el corazón de cada creyente que lucha en contra del pecado aunque *no esté purificado según los ritos de purificación del santuario.*[10]

Wesley también argumenta que los cristianos son capaces de controlar las consecuencias específicas del pecado original. Es importante aprender cómo estas consecuencias se manifiestan en la vida de los seres humanos. En primer lugar el pecado original produce la ausencia del conocimiento de Dios. Wesley afirma:

Por naturaleza, no hay Dios en ninguno de nuestros pensamientos. Le dejamos que él maneje sus propios asuntos, sentado tranquilamente, como nos lo imaginamos, en el cielo, dejándonos en la tierra a manejar los nuestros. De modo que no tenemos más temor de Dios delante de nuestros ojos que amor de Dios en nuestros corazones.[11]

Puesto que no tenemos conocimiento de Dios, la segunda consecuencia del pecado es cambiar la gloria de Dios por la gloria nuestra, que es resultado del orgullo:

Por lo tanto, todo orgullo es idolatría, es atribuirnos a nosotros mismos lo que sólo a Dios corresponde. . . De esta manera robamos a Dios su derecho inalienable e idolátricamente usurpamos su gloria.[12]

Pero el orgullo no es la última consecuencia del pecado original. Wesley añade:

Satanás ha estampado su propia imagen en nuestro corazón también como obstinación. 'Lo haré', dijo antes de ser arrojado del cielo; 'Me sentaré a los lados del norte. Haré mi propia voluntad y placer, independientemente de los de mi Creador'. Lo mismo dice todo ser humano que nace en este mundo.[13]

Quizás esta es una expresión del orgullo anteriormente descrito, y es buscar hacer nuestra voluntad sin considerar el deseo y la voluntad del resto de las personas.

Pero las consecuencias específicas del pecado original no terminan aquí. Wesley continúa en su argumento y dice:

Hasta aquí somos portadores de la imagen del Diablo y caminamos en sus pasos. Pero en el próximo paso dejamos atrás a Satanás, y caemos en una idolatría de la cual él no es culpable: quiero decir el amor al mundo, que es ahora tan natural a toda persona como lo es amar su propia voluntad.[14]

Es interesante que Wesley culpa a Satanás por el deseo de buscar nuestra propia voluntad, pero no por nuestro amor al mundo y lo que el mundo ofrece. Esto es típico en la teología de Wesley, ya que siempre identifica el origen de la maldad, pero culpa al ser humano por sus decisiones, por hacer uso de su voluntad y actuar de acuerdo a su naturaleza. Esto se debe al énfasis de Wesley en la libertad humana, es decir el libre albedrío. Así pues, la última consecuencia del pecado original es el amor al mundo, que se expresa como el deseo de los ojos y la vanagloria de la vida.

En conclusión podemos decir que Wesley identifica los efectos y consecuencias del pecado original en su vida, que de alguna manera le habían hecho sentir y creer que no era salvo. A pesar de que fue educado en un hogar cristiano y de que él mismo expresaba que tenía fe en Jesucristo, al momento de enfrentar la realidad de la muerte, se llenaba de temor y se sentía inseguro de la fe que profesaba. Ambos sentimientos, temor e inseguridad, tienen su origen en el pecado original. No sólo observó e identificó estos efectos en su propia vida, sino que también vio, a través de sus años de ministerio, que la mayoría de creyentes tenían una marcada tendencia al egocentrismo. Por ello, constantemente Wesley les recuerda la importancia del amor a Dios y al prójimo. Pero también les recuerda la presencia del pecado, sobre la cual dice:

> Se puede gozar del favor de Dios aunque se sienta pecado, pero sin ceder a él. El tener pecado no le quita a uno el favor de Dios; ceder al pecado sí. Aunque la carne en ti se oponga contra el Espíritu, puedes aun así ser hijo de Dios. Pero si caminas conforme a la carne, eres hijo del diablo. Luego, esta doctrina no nos estimula a obedecer al pecado, sino a resistirle con todas nuestras fuerzas. En resumen: existen en cada persona, aun después de haber sido justificada, dos principios contrarios: la naturaleza y la gracia. San Pablo los llama carne y espíritu… Por ello se exhorta constantemente a los creyentes a cuidarse de la carne, así como del mundo y del diablo. Y esto concuerda con la experiencia constante de los hijos de Dios. Aunque tienen el testimonio del Espíritu en sí mismos también sienten una voluntad que no ha sido completamente sometida a la voluntad de Dios. Saben que están en él, y a la vez tienen un corazón que se quiere apartar de él. En muchas ocasiones sienten una inclinación hacia el mal, una resistencia a lo que es bueno.[15]

Así pues, Wesley hace notar los efectos del pecado original en la vida de los cristianos. Pero, a su vez, los creyentes tienen la capacidad dada por Dios de controlarlos y subyugarlos. Esto, sin embargo, no significa que se vaya a erradicar del todo. El mismo

Wesley tuvo dudas de su salvación inmediatamente después de Aldersgate, pero su respuesta, al igual que el resto de los creyentes, fue que por fe —a pesar de tener sentimientos de incertidumbre y temor— los cristianos aceptan el perdón de Dios y la seguridad de su salvación. Incluso hoy, en los creyentes en quienes reina Cristo plenamente, todavía tienen estos sentimientos; pero estos no dominan la totalidad de su vida.

En esta descripción y explicación del pecado original, Wesley es consistente con la mayoría de los intérpretes y teólogos a través de la historia de la iglesia. Es cierto que tiene una marcada diferencia con Juan Calvino, aunque ambos argumentan a favor de la depravación del ser humano después de la caída, que también identifican como una consecuencia del pecado original. Para Wesley, a pesar de que el ser humano vive y experimenta el pecado original, también recibe el favor de Dios, la gracia anticipante, como lo afirma la cita anterior. Por su parte, Calvino afirma que toda persona, por causa del pecado original, y la total depravación que produjo, el ser humano no puede recibir el don de Dios a menos que Dios intervenga con su gracia irresistible; así que sin Dios se encuentra irremediablemente perdido. Como ya hemos explicado, apelando a la imagen de Dios y la gracia de Dios, en su función antes de la salvación, Wesley afirma que tanto creyentes como no creyentes tienen la capacidad de responder a la invitación de Dios a la salvación a pesar del pecado original en sus vidas.

Siguiendo la jornada espiritual de Wesley, ahora nos dedicaremos al estudio de la gracia de Dios que se encuentra presente y activa en toda persona antes de recibir la salvación, es decir la gracia anticipante.

NOTAS

[1] *Obras de Wesley,* Tomo III, Sermones III, pp. 126-127.

[2] Ibid., pp. 127-128.

[3] Mildred Bangs Wynkoop, *Bases teológicas de Arminio y Wesley* (Kansas City: Casa Nazarena de Publicaciones, 1984), p. 101.

[4] Entre ellos: Leo George Cox, *El concepto de Wesley sobre la perfección cristiana* (Kansas City: Casa Nazarena de Publicaciones, 1986) y B. Foster Stockwell, *La teología de Juan Wesley y la nuestra* (Buenos Aires: Editorial La Aurora, 1962).

[5] *Obras de Wesley,* Tomo I, Sermones I, pp. 245-246.

[6] Ibid., Tomo III. Sermones III, pp. 112-113.

[7] Ibid., Tomo III. Sermones III, p. 112.

[8] Ibid, Tomo VIII, Tratados Teológicos, p. 91.
[9] Ibid., Tomo VIII, Tratados Teológicos, p. 305.
[10] Ibid., Tomo I, Sermones I, p. 252.
[11] Ibid., Tomo III, Sermones III, p. 115.
[12] Ibid., p. 116.
[13] Ibid.
[14] Ibid.
[15] Ibid., Tomo I, Sermones I, p. 263.

Capítulo 7
La gracia anticipante (preveniente) y la gracia convincente

A. *La gracia anticipante: Definición, función e implicaciones*

Las palabras *gracia anticipante* son poco comunes en nuestro vocabulario diario, sobre todo si las usamos unidas, y más todavía si las usamos para hablar de Dios y su obra. Sin embargo, para Wesley y su teología estas palabras son cruciales y hasta cierto punto imprescindibles.

Si hemos leído o escuchado a teólogos wesleyanos, es probable que hayamos escuchado las palabras *gracia preveniente*, que se utilizan para explicar aspectos de la teología de Wesley, especialmente los que tienen que ver con lo que ocurre antes de la salvación. La «gracia anticipante» o «gracia preveniente» (o preventiva) son sinónimos, y se utilizan para describir uno de los aspectos de la gracia de Dios. La diferencia entre estas palabras se debe a la traducción del inglés al español, en donde «gracia preveniente» refleja un sentido más literal de los escritos de Juan Wesley (el cual usó las palabras *preventing* o *prevenient grace*) y además nos conecta con la tradición cristiana en la cual las palabras eran usadas en latín (*gratia preveniens*).

Las palabras usadas por Wesley en inglés contienen la raíz latina y la conexión con la tradición cristiana, puesto que el significado en latín puede describirse como «gracia que viene antes» o la que *pre*-viene, la que llega antes, la que es *pre*-salvación. Por lo tanto, como nos podemos dar cuenta, es difícil capturar todo el contenido de las palabras *prevenient grace* con dos palabras en español. La que más se aproxima a una traducción que capture la esencia del significado es la palabra utilizada por los traductores y editor de las *Obras de Wesley*, quienes utilizan la palabra *anticipante* en todos los lugares donde Wesley dice *prevenient*.

De cualquier manera, en inglés o en español, lo que Wesley trata de comunicar y explicar con «gracia anticipante» es todo lo que se refiere a la obra que Dios realiza en la vida de los seres humanos hasta antes del momento que llegan a la salvación. Es lo que hace Dios para persuadir a los seres humanos a que lo amen, es para demostrar su amor incondicional a la humanidad, para compartir sus bondades y sus bendiciones con toda la gente a pesar de que no le reconozcan y mucho menos le adoren, y finalmente es el intento de Dios en favor de todas las personas para que respondan de una manera positiva a su llamado y reciban todos los privilegios y responsabilidades que Dios quiere concederles. Wesley dice:

> … (S)alvación que comienza con lo que muy acertadamente se ha llamado una «gracia anticipante». Nos referimos así al deseo primero de agradar a Dios, al primer atisbo (vislumbre) de conocimiento con respecto a su voluntad, y a tener esa primera sensación, leve y transitoria, de que hemos pecado contra él. Todo esto ya es señal de vida, de cierto grado de salvación, es el primer paso para librarnos de nuestra ceguera e insensibilidad hacia Dios y todo lo referido a él.[1]

Y luego añade,

> De manera que la salvación de la cual aquí se habla puede extenderse a toda la obra de Dios, desde el primer alborear de la gracia en el alma hasta que es consumada en la gloria. Si tomamos esto en su máxima extensión, habrá de incluir todo lo que es realizado en el alma por lo que frecuentemente se llama «conciencia natural», más apropiadamente, «gracia anticipante»; toda atracción del Padre, los deseos que se dirigen hacia Dios, los cuales, si nos rendimos a ellos, aumentan más y más; toda aquella luz por la cual el Hijo de Dios alumbra a todo hombre que viene al mundo, enseñando a todo hombre a hacer justicia, amar misericordia y a humillarse ante su Dios, todas las convicciones que su Espíritu de tiempo en tiempo opera en todo ser humano. Aunque

es verdad que la generalidad de las personas las sofocan tan pronto como pueden y luego de un rato olvidan, o por lo menos niegan, haberlas tenido alguna vez.[2]

Esta explicación de Wesley nos brinda aliento y esperanza, aunque a la vez nos pone en una posición de responsabilidad delante de Dios. Aliento y esperanza al saber que los efectos del pecado original son hasta cierto punto reversibles. En el capítulo anterior, dijimos que el pecado original deja al ser humano en una condición de total depravación, sin algo bueno o positivo, totalmente alejado de Dios. Pero según Wesley, Dios en su infinita misericordia y su amor incondicional por la humanidad extiende su gracia a todas las personas, incluyendo incluso a quienes lo rechazan y odian. De hecho, esta misma capacidad de odiar y de ir en contra de la voluntad de Dios es un producto del pecado original, la capacidad de decidir entre el bien y el mal es un don de Dios, al que Wesley llama la «gracia anticipante».

Es por la intervención divina que tenemos la habilidad de responder al llamado de Dios. Si no fuera por la gracia anticipante, ni siquiera tendríamos la oportunidad de entender y recibir el llamado de Dios. Es la gracia anticipante la que nos sostiene, la que nos ayuda a buscar a Dios cuando no sabemos comunicarnos con Dios y ni siquiera sabemos cuál en su nombre. La gracia anticipante es la que hasta cierto punto restaura en los seres humanos la imagen de Dios perdida por completo después del pecado de Adán y Eva. Es a través de esta gracia que los seres humanos, en esta ocasión sin tomar en cuenta su voluntad, reciben ciertas capacidades que fueron perdidas al momento de la caída. Así pues, la gracia anticipante es un mensaje de aliento y esperanza que no solamente ayuda a cada persona de forma individual, sino que también promueve un equilibrio en la creación y en la sociedad. Puesto que todo ser humano ha recibido esta gracia, entonces la comunidad de una manera u otra refleja la imagen de Dios. Por ello, a pesar de la caída y el pecado original, podemos apreciar ciertas características positivas y santas, que no sólo son una señal del amor y misericordia de Dios, sino también de la gracia anticipante.

Por otra parte, al momento de restaurar la capacidad de los seres humanos para responder a Dios, la gracia anticipante también nos hace responsables de nuestras acciones. Es decir, dado que por el pecado original tenemos la inclinación a hacer constantemente el mal, no podríamos ser juzgados por algo que no se puede prevenir y para lo cual no hay alternativa. Con la presencia de la gracia anticipante (y en este caso quizás sería mejor usar la forma literal de la palabra en inglés, la gracia preventiva o preveniente), tenemos la capacidad de decidir y distinguir. Por lo tanto, todas nuestras decisiones y acciones, en sí mismas, suponen valor moral y responsabilidad delante de Dios. Por eso, como lo indica la cita anterior, Wesley se refiere a la gracia anticipante como la «conciencia natural».

De nueva cuenta esta posición de Wesley lo pone en desacuerdo con Juan Calvino y su doctrina de la predestinación. Wesley dice que:

> La suposición calvinista 'que el hombre natural está tan muerto como una piedra';... revela la completa falsedad y locura de ella, siendo que ninguna persona está exenta de la gracia anticipante, y cada grado de gracia es un grado de vida.[3]

De esta manera, Wesley no niega el estado de depravación absoluta de los seres humanos, en lo que difiere con Calvino es respecto a lo que sucede después de la caída. Para Calvino, la depravación total continúa y no hay nada bueno ni positivo en el ser humano, quien por lo tanto sin remedio se encuentra condenado al infierno y destinado al castigo eterno. Sin embargo, como es obvio, muchas de estas personas ahora son salvas por la fe en Jesucristo. Calvino responde que si hay personas que han recibido la salvación que Dios otorga a través de Jesucristo, es porque la gracia irresistible de Dios ha actuado en ellas y las ha redimido y limpiado de todo pecado y maldad, porque Dios es soberano y tiene el poder para hacer esto. Además, estas acciones de Dios son una demostración de su amor y misericordia, ya que toda la humanidad merecía el castigo eterno, pero en su misericordia a Dios le plugo rescatar a *algunos* para demostrar su poder y su gloria.

La conclusión del párrafo anterior es precisamente la gran diferencia entre Wesley y Calvino, particularmente la palabra *algunos*. A pesar de que los argumentos de ambos teólogos son muy similares, sus conclusiones son contrastantes. Veamos: 1) Ambos creen que después de la caída la condición del ser humano es de total depravación. 2) Ambos creen que la única manera en que el ser humano puede responder al llamado de Dios es a través de la gracia e iniciativa de Dios mismo. 3) Ambos creen que esta gracia que

Dios otorga y que capacita a los seres humanos para responder al llamado de Dios es irresistible; es decir que los seres humanos no la pueden rechazar, ni tampoco tienen una alternativa. Pero la gran diferencia está en que cuando Calvino habla de esta gracia irresistible se refiere a una gracia para salvación, mientras que para Wesley esta gracia es el *principio* de la salvación pero no la totalidad de ella.

Para Calvino, no hay grados de salvación ni categorías; uno es salvo o no. Para Wesley sí las hay, puesto que la salvación inicia con la gracia anticipante, y marca el comienzo de una larga jornada espiritual. Pero esta no es la única diferencia; Calvino concluye que no todos los seres son ni serán salvos, y que por lo tanto la gracia irresistible para salvación es otorgada a algunos y no todos, así pues, sólo algunos serán salvos. La gracia irresistible de Dios, es decir, la intervención de Dios en la vida del ser humano para salvación, es un designio de Dios y una expresión de su soberanía. Dios salva a quienes Dios quiere, y nadie más. Para Wesley esto no es así. La gracia irresistible de Dios, a la que él se refiere como gracia anticipante, no es una gracia que en sí misma produce la salvación, sino que le da la habilidad al ser humano de entender el plan de salvación y responder a ese plan de una manera negativa o afirmativa. Esta gracia anticipante les es dada a todos por igual, y porque Dios quiere que todas las personas sean salvas. Pero sólo algunas lo serán. Y no porque Dios las haya escogido desde antes de la fundación del mundo (predestinándolas), ni porque su gracia irresistible haya obrado para salvación sólo en algunos, sino porque ciertas personas, usando la libertad que Dios les ha dado (a través de la gracia anticipante), rechazarán continuar con el proceso y jornada de la salvación que Dios había iniciado en ellas.

Muchos critican a Wesley, diciendo que su entendimiento de la gracia anticipante limita a Dios y hace al ser humano autor de la salvación. Ambas acusaciones son falsas. Ya hemos explicado en el capítulo anterior que Dios es quien se limita a sí mismo y que, dado su carácter, las autolimitaciones divinas le dan libertad al ser humano de rechazar a Dios e incluso ir en contra de su voluntad. Con respecto a la segunda acusación, de ninguna manera Wesley argumenta que los seres humanos sean quienes controlan la salvación. La salvación es controlada por Dios, que es el autor y consumador de la salvación a través de la obra redentora de Cristo. La única y decisiva participación del ser humano en el proceso de su salvación consta de decir sí o no a la invitación de Dios. Pero esta capacidad de decidir también proviene de Dios a través de la gracia anticipante.

Una implicación muy importante, y hasta cierto punto controversial de la gracia anticipante, y de la manera en que Wesley la define y la entiende, tiene que ver con uno de los sacramentos: el bautismo. Me refiero al bautismo infantil, práctica que en ciertos círculos religiosos no es considerada bíblica. Basado en lo ya dicho antes, pero primordialmente en la obra y función de la gracia anticipante, Wesley afirma:

> Que *por la ofensa de uno, el juicio cayó sobre todos los seres humanos* (todos los nacidos en este mundo) *para condenación*, es una verdad indudable, y afecta a cada recién nacido así como también a cada persona adulta. Pero es igualmente verdad que *por la justicia de uno, el don gratuito vino sobre todas las personas* (todas las nacidas en el mundo, niño o adulto) *para justificación*. Por lo tanto un recién nacido infante nunca fue o nunca será *enviado al infierno por la culpa del pecado de Adán* puesto que tal pecado es cancelado por la justicia de Cristo tan pronto como son enviados a este mundo.[4]

Como habíamos dicho antes, Wesley cree que la presencia del pecado original en la vida del creyente no es suficiente para condenarlo al fuego eterno. Así que mucho menos lo es para enviar a un infante al infierno. Es cierto que en los niños, desde muy temprana edad, podemos identificar una tendencia egoísta,[5] que es evidencia del pecado original en sus vidas y a la vez un vislumbre de lo que será en su vida adulta. Wesley no cree que estos niños serán enviados al infierno por el «pecado original» ni por el pecado de sus padres. Como ya lo hemos explicado, para Wesley el factor decisivo es la respuesta individual, consciente y deliberada al llamado de Dios. Wesley no cree que los niños tengan la capacidad total de discernir este llamado y responder a Dios de una manera inteligible. Además, prefiere enfatizar lo positivo de la gracia anticipante: su función restauradora de la imagen de Dios. La gracia anticipante inicia la jornada de la salvación. En un infante, dadas sus limitaciones físicas y mentales, el inicio y la culminación de esta obra no se encuentran alejadas la una de la otra. A su corta edad el infante no ha rechazado abierta ni deliberadamente el llamado de

Dios, y si no lo ha rechazado, y si sus padres prometen educarle en la fe cristiana, ¿qué impide que sea bautizado?

Algunos contestarían que los infantes, como el mismo Wesley lo indica, no tienen la capacidad de tomar una decisión de esta índole y, por lo tanto, debemos esperar a que lleguen a una edad de madurez y tomen una decisión propia. Sin embargo, Wesley responde que él confía en la gracia de Dios —empezando por la anticipante— y en la comunidad cristiana que se hace responsable de educar y ayudar al infante a crecer en la fe cristiana. Por otra parte, ser lo que es, o porque el pecado original está presente en su vida, no son razones suficientes para negar este sacramento a quien Dios ve con favor y aceptación.

Otro punto importante, que es también una implicación del concepto de la gracia anticipante, es el valor y el reconocimiento de la dignidad de la vida de todo ser humano, sin importar su condición social o espiritual. Los argumentos de Calvino, en mi opinión, corren el riesgo de ser interpretados de tal forma que nieguen la garantía de la dignidad y valor de la vida de ciertos seres humanos que han dado muestras de perversidad y maldad. Por ejemplo, pensemos en el peor de los criminales, en alguien que ha ultrajado o abusado a otra, sea adulto o niño. Desde el punto calvinista, estos actos son evidencias de que estas personas obviamente no han recibido la gracia que lleva a la salvación. Pero quizás algunos también pudieran inferir, basados en la perversidad de sus actos y dureza de corazón, que nunca podrán ser salvos. He aquí el peligro. Por lo tanto, si ya han sido condenados por Dios para recibir el castigo eterno, entonces una manera de proteger a la sociedad y a los inocentes de estas personas es eliminándolas.

Si seguimos esta línea de pensamiento se han creado dos grupos: uno con privilegios debido a su condición, y el otro que queda a la merced de los «escogidos». Este tipo de argumento no se puede sostener desde un punto de vista wesleyano, ya que, de nueva cuenta, la gracia anticipante se extiende a toda persona, dándole libertad, dignidad, valor y, sobre todo, la oportunidad de decir sí a Dios en cualquier momento de su vida. Así pues, no importa cuál sea la condición social, económica o moral de la persona, mientras tenga vida y conciencia la gracia anticipante estará presente en su vida, y si Dios le da la oportunidad de seguir en el proceso de la salvación nosotros no tenemos autoridad para truncarlo. Al contrario, como cristianos, deberíamos extender el amor y la misericordia de Dios de la misma manera en que Dios nos la otorgó a nosotros: incondicionalmente. Al igual que Dios, deberíamos persuadir a esa persona, por muy criminal que sea, a que vea el amor de Dios en su vida a través de nuestras acciones.

Finalmente, como fue indicado al inicio de la segunda parte de este libro, toda la teología de Wesley está basada de una manera u otra en su propia vida y experiencia. Por lo tanto, con respecto a la gracia anticipante es pertinente mencionar varios eventos que están íntimamente ligados a esta concepción de la gracia de Dios. En primer lugar, de una manera clara y evidente, todos los eventos sobre la experiencia de Wesley que culminó en la capilla de Aldersgate parecerían una serie de coincidencias. Sin embargo, para Wesley, los eventos del 24 de mayo de 1738 estuvieron «misteriosamente» ligados y su común denominador fue darle la seguridad de la salvación para que la entendiera como una obra de Dios que se recibe por fe, y como una obra y expresión de la gracia anticipante.

De la misma manera, Wesley reflexiona sobre su vida y ve cómo Dios lo estaba preparando para su ministerio incluso durante sus años en Oxford y Georgia. Wesley vio la mano de Dios en todo lo que vivió —incluso las experiencias negativas— y creía que la gracia anticipante había obrado juntamente con su decisión de confiar y seguir el llamado de Dios para llevarlo al ministerio que con gran amor y convicción desempeñó.

B. La gracia convincente

Siguiendo la jornada espiritual de Juan Wesley, y por supuesto después de haber explicado la condición humana y la forma en que ésta es restaurada mediante la gracia anticipante, ahora nos toca abordar la *gracia convincente*, que es el siguiente paso en el camino de la salvación. Antes de abordar esta etapa de la jornada espiritual de Juan Wesley, es importante enfatizar que pasar de la gracia anticipante a la gracia convincente no es un movimiento automático ni instantáneo. De hecho, no todas las personas llegan a esta etapa. Es cierto que la gracia anticipante se concede a todas las personas, sin embargo, esto no significa que todas continuarán en el proceso ejerciendo su voluntad y buscando las diferentes manifestaciones de la gracia de Dios . Así pues, quienes han recibido la gracia anticipante pueden estar ahí por un tiempo indefinido. Pasar de la gracia anticipante a la gracia convincente solamente ocurre cuando la persona toma la decisión de escuchar la voz y el llamado de Dios.

Sobre esto Wesley nos dice que:

> … Esta salvación se continúa con la gracia convincente, generalmente denominada 'arrepentimiento' en las Escrituras, que nos permite alcanzar un mayor conocimiento de nosotros mismos, y avanzar más en el proceso de librarnos de nuestros corazones de piedra.[6]

La gracia convincente, tal como su nombre lo indica, nos convence:

> … que no podemos ayudarnos a nosotros mismos; que sin el Espíritu de Dios, no podemos hacer nada, sino añadir pecado al pecado. Que solamente él produce en nosotros así el querer como el hacer, por su propia voluntad, siendo imposible para nosotros pensar siquiera un pensamiento bueno sin la ayuda sobrenatural de su Espíritu, o crear o renovar nosotros mismos nuestras almas en justicia y verdadera santidad.[7]

En primer lugar, y basado en las citas anteriores, podemos ver que la obra primordial de la gracia convincente es llevarnos al arrepentimiento. Aunque antes de arrepentirnos, es necesario que haya conciencia y responsabilidad de lo que está mal en nuestra vida. No puede haber arrepentimiento si no hay una razón o motivo que merezca nuestro arrepentimiento. Nadie se arrepiente simplemente por arrepentirse. Así pues, el arrepentimiento implica reconocer y aceptar la culpabilidad de nuestras acciones (presentes y pasadas), pensamientos, condición y voluntad. Así que la gracia convincente nos lleva a reconocer y aceptar la condición de nuestro estado natural. Esto ocurre todavía estando bajo la gracia anticipante, y estamos declarando que este acto de arrepentimiento es:

> un juicio recto … de la pecaminosidad y desamparo de nuestra naturaleza; es el desprecio de la gloria de los hombres que generalmente se rinde a una supuesta excelencia en nosotros. Quien se

conoce a sí mismo ni desea ni aprecia el aplauso que sabe que no merece.[8]

Por lo tanto, el primer paso del arrepentimiento y la primera obra de la gracia convincente es tomar conciencia de nuestra naturaleza pecaminosa y declarar que, a menos que Dios intervenga, es imposible resolver y cambiar nuestra condición. Pero llegar a aceptar y declarar esta realidad no es fácil. Esto se debe a que va en contra de nuestra naturaleza pecaminosa que nos alienta a creer que todo lo que hacemos y pensamos es correcto y justificable. Esto es producto del egocentrismo arraigado en nuestro ser. Así que aceptar que nos hemos equivocado, que no merecemos gloria sino castigo, que nuestra bondad es abominación delante de Dios, y que aun nuestros deseos de acercarnos a Dios no son producto de nuestra justicia, sino obra de Dios a través de la gracia, es un paso difícil pero necesario.

Según Wesley, cada persona atraviesa por tres etapas que son, la *natural*, la *legal* y la de la *gracia*. En la natural, el ser humano se encuentra bajo el dominio del pecado original y es recipiente de la gracia anticipante. En la etapa legal —que se describe en esta sección— la persona debe tomar y aceptar responsabilidad por sus acciones; tiene que declararse culpable en el sentido legal, aceptar su culpabilidad y sus consecuencias. Finalmente, en la etapa de la gracia —que estudiaremos en el siguiente capítulo— Dios nos brinda la salvación a través de la obra redentora de Jesucristo. El siguiente cuadro comparativo nos será útil para entender y visualizar el movimiento de estas etapas.

La obra de la gracia en tres etapas[9]

Natural	Legal	Gracia (Evangélico)
El espíritu de esclavitud	El espíritu de esclavitud (temor)	El espíritu de adopción
Lo que quiero hacer	Lo que debo hacer	Lo que Dios quiere que haga

Sin conciencia del peligro moral	Consciente de la esclavitud	Consciente de que se está aboliendo la esclavitud
Durmiendo	Despertando	Reposando
Falta de fe	La fe de un esclavo	La fe de un hijo/a
Autonomía	Sujeción	Teocracia
Ignorancia	Autoconocimiento	Libertad
Paz falsa	Guerra interior	Verdadera paz
La persona peca conscientemente	La persona peca inconscientemente	La persona no peca conscientemente
Gracia anticipante	Gracia convincente	Gracia justificadora
No ama ni teme a Dios	Sólo tiene temor a Dios	Ama como Dios ama

Como podemos observar, cuando la gracia convincente nos lleva al arrepentimiento se nos ofrece la posibilidad de entrar a un nuevo estilo de vida. En ese estilo, la vida se vive bajo la gracia y ya no bajo la ley. Pero antes de llegar a este punto es necesario hacer uso de la libertad y despertar de la vida de esclavitud y de pecado para poder vivir bajo la gracia. Este movimiento está delineado en la segunda columna, donde la voluntad personal, la expresión de nuestra naturaleza pecaminosa, es hacer el mal constantemente. Sin embargo, al tomar conciencia de nuestra realidad nos damos cuenta de que es nuestra responsabilidad y deber aceptar nuestra incompetencia y pedir ayuda. Según Wesley, este momento es lo que constituye el arrepentimiento, es la acción de despertar del sueño pecaminoso, es el momento de tener fe, no como parte de la familia de Dios, sino como un esclavo. Es cambiar la ignorancia y la autosuficiencia —que tiene resultados trágicos— por una autoevaluación que nos lleva a depender totalmente de Dios y negar nuestros esfuerzos egoístas.

Muchos podrían pensar que la forma y el proceso de la salvación, tal como lo explica Wesley, deja a las personas en un estado de temor constante y de una búsqueda inalcanzable de paz interior que podría llevar a la locura. Lo contrario es cierto. Wesley estaba convencido de que al aceptar y reconocer su condición pecadora, en lugar de vivir en un temor constante de la ira de Dios, la persona experimentaba un cambio radical positivo y afirmante. Es decir, sin darse cuenta, y mientras se encontraba viviendo bajo el dominio del pecado, no podía vivir ni experimentar una paz y felicidad plenas, aunque muchas personas lo creían así por su mentalidad egoísta.

Por el otro lado, cuando las personas reciben el favor de Dios y empiezan a probar la paz, el perdón y la felicidad que sólo Dios puede dar, se dan cuenta de lo que estaban perdiendo. Pronto se dan cuenta que la vida anterior era una pérdida de tiempo, y que lo que Dios ofrece es insuperable a lo que el mundo y sus esfuerzos personales pudieran lograr. Así pues, Wesley no cree que las personas permanezcan en temor al darse cuenta de su condición pecaminosa, ni mucho menos en un estado de locura. Al contrario, las personas se gozan y reciben una bendición de Dios incomparable a lo que el mundo puede ofrecer. Wesley responde así a quienes decían que estas expresiones dramáticas de gozo eran resultado de la locura y no del amor de Dios y su gracia:

> «Pero usted los pone fuera de sí, los enloquece».... Primero, les aseguro que sí, mi más ferviente deseo es llevar a todo el mundo a lo que ustedes probablemente llaman «locura». Quiero decir la religión interior, volverlos tan locos como Pablo cuando fue examinado por Festo. El contar todas las cosas de la tierra como estiércol y basura, para ganar a Cristo; el pisotear todos los placeres del mundo y no buscar sino los tesoros del cielo; el no tener ningún deseo de la alabanza de los hombres; el tener un buen carácter, una buena reputación; el estar gozosos cuando se nos vitupera y persigue, diciendo toda clase de mentiras contra nosotros, el dar gracias a Dios aunque nuestro padre o nuestra madre nos abandonen, cuando nos falta el alimento o el abrigo, y en vez de amigos recibimos las saetas de palabras amargas, cuando no tenemos un lugar donde descansar la cabeza, todo esto para ustedes es locura. Pero para Dios esto es religión sobria y racional, el

fruto genuino, no de un cerebro desequilibrado o de una imaginación enferma, sino del poder de Dios en el corazón, del amor victorioso y de una mente sana.[10]

Como podemos ver, lo que Wesley está describiendo es un cambio radical en el estilo de vida de las personas, sus convicciones, sus compromisos, sus valores morales, sus objetivos, su forma de pensar y actuar. Todo sufre una transformación radical y ahora, quienes han probado el amor y perdón de Dios, en lugar de buscar lo que el mundo ofrece y lo que la naturaleza humana exige solamente desean dar honra y gloria a Dios y a nadie más. Para Wesley, esta transformación es la evidencia de un arrepentimiento sincero. No basta con confesar con los labios y conocer el lenguaje de la salvación, sino ahora que se ha experimentado, se vive una vida diferente que a cada instante trata de agradar a Dios.

Debido a su marcado énfasis en la experiencia personal, y en este caso como evidencia del arrepentimiento, Wesley fue acusado de que sus enseñanzas no eran bíblicas y que iban en contra de la doctrina cristiana. De nueva cuenta Wesley rechaza tal acusación, y explica que, a la gran mayoría de las personas a las que ministraba, nunca nadie les había compartido del amor de Dios, nunca nadie les había dicho que Dios tiene interés personal en ellas. De hecho, en tiempos de Wesley la gran mayoría de las personas, pese a su membresía en la Iglesia Anglicana, se encontraban distantes de Dios y reacios a la «religión», puesto que esta no les ofrecía algo diferente de lo que el mundo ofrecía. Pero cuando Wesley les predicaba sobre el amor incondicional de Dios, de cómo a pesar de su condición les amaba, no sólo cautivaba su atención, sino que muchos de ellos, aun antes de que Wesley los llamará al arrepentimiento, empezaban a llorar profusamente, o gritar, brincar de gozo; mientras que otros caían al suelo postrados adorando a Dios. Todas estas experiencias y expresiones no eran vistas con buenos ojos por los teólogos y líderes anglicanos de la época. Pero para Wesley, estas reacciones eran «naturales» y deseables, pues eran una demostración de que Dios había obrado en las vidas y que la gracia convincente había llevado a estas personas al arrepentimiento. En defensa de estas expresiones, Wesley dice:

El arrepentimiento, o la convicción del pecado, que es siempre anterior a la fe (a un nivel más alto o más bajo, como Dios lo quiera), lo describimos de acuerdo a lo que sigue: Cuando las personas sienten dentro de sí la pesada carga, y ven la condenación como su pago, y contemplan con los ojos de su mente el horror del infierno, tiemblan, se estremecen, y son íntimamente tocadas por la aflicción de corazón, y no tienen a quien culpar sino a sí mismas. Entonces exponen su pesar delante de Dios y claman por misericordia. Como esto se hace con toda seriedad, su mente queda invadida por mucha pena y tristeza, y por un deseo ardiente de ser librados del peligro del infierno y la condenación. A tal punto, que no tienen deseos de comer o beber, y se apodera de ellos una repugnancia por las cosas y los placeres del mundo. Nada les parece más indicado que llorar, lamentar, condolerse, y expresar en palabras su hastío de la vida.[11]

Queda claro que para Wesley no todas las expresiones religiosas dramáticas son una evidencia del arrepentimiento, ni que todas las experiencias tienen que ser similares o dramáticas. Estos son posibles resultados de la gracia convincente. Pero, para Wesley, la evidencia tangible del arrepentimiento es una vida transformada y el sincero deseo de seguir creciendo en la vida cristiana, seguir avanzando en la jornada de la salvación de gracia en gracia y de victoria en victoria. La evidencia no es que las personas puedan describir con lujo de detalles los conceptos teológicos, ni que hayan tenido una experiencia dramática (y no que estos aspectos sean negativos, sino que no son evidencia total del arrepentimiento), sino un estilo de vida que refleje el carácter de Dios y no el del diablo, que en sus vidas el egoísmo mengüe para que el amor a Dios y al prójimo se incremente diariamente. Este crecimiento se obtiene usando los medios de gracia: la oración, el estudio de la Biblia, participar de la Cena del Señor, el ayuno y el culto público. Es de esta manera que Wesley ve la obra de Dios en la vida del creyente y en su vida misma. Ahora, siguiendo esta senda, ahora debemos prestar atención a lo que sucede después del arrepentimiento, que para Wesley es parte de lo que llamaremos la gracia justificadora.

NOTAS
[1] *Obras de Wesley*, Tomo IV, Sermones IV, p. 120.
[2] Ibid., Tomo III, Sermones III, pp. 90-91.
[3] Ibid., Tomo XIV, Cartas Tomo II, p. 137.
[4] Ibid., Tomo XIV, Cartas Tomo II, pp. 137-138.

[5] Para quienes dudan de esto les invito a observar la forma de interactuar de niños de dos años de edad, y aun menores; sus palabras suelen ser «es mío, es mío».

[6] Ibid., Tomo IV, Sermones IV, p. 120.

[7] Ibid., Tomo I, Sermones I, p. 346.

[8] Ibid.

[9] Este cuadro ha sido tomado y ligeramente modificado de Thomas C. Oden, *John Wesley's Scriptural Christianity: A Plain Exposition of His Teaching on Christian Doctrine* (Grand Rapids: Zondervan Publishing House, 1994), p. 278 (mi traducción).

[10] *Obras de Wesley,* Tomo VI, Defensa del Metodismo, pp. 194-195.

[11] Ibid., pp. 195-196.

Capítulo 8
La gracia justificadora y la fe del pecador

$\mathcal{P}$ara Wesley, y para nosotros, el tema de la justificación de nuestros pecados es de vital importancia. Es por eso que requiere una atención especial. Wesley inicia su sermón, precisamente titulado *La justificación por la fe,* con las siguientes palabras:

> ¿Cómo puede una persona pecadora justificarse delante de Dios, el Señor y Juez de todos? es una pregunta de gran importancia para todos los seres humanos. Contiene el fundamento de toda nuestra esperanza, pues mientras estamos en enemistad con Dios no puede haber verdadera paz, ni verdadero gozo en esta vida ni en la eternidad. ¿Cómo puede haber paz cuando nuestro corazón nos condena? ¿Y mucho más aquél que es mayor que nuestro corazón, y conoce todas las cosas?¿Qué gozo verdadero puede haber en este mundo o en el otro, mientras la ira de Dios permanezca en nosotros? Y sin embargo, ¡cuán poco se ha entendido un asunto tan importante! ¡Cuántas ideas confusas tienen muchos sobre este asunto! A la verdad, no sólo confusas, sino a menudo erróneas y tan contrarias a la verdad como la luz lo es a las tinieblas; nociones absolutamente inconsistentes con los oráculos de Dios, y con toda la analogía de la fe. Por lo cual, al errar con respecto al fundamento, no pueden construir nada después.[1]

Como Wesley mismo lo dice, la doctrina de la justificación es el fundamento de la doctrina cristiana, y si el fundamento es erróneo o está incompleto, entonces la fe cristiana también lo será. Así que en esta ocasión nos dedicaremos a explorar el fundamento y la esencia de la fe cristiana: la justificación por la fe por medio de la gracia.

Tenemos que afirmar que es imposible determinar con precisión cuándo ocurre cada momento del orden de la salvación, es decir, cuándo termina uno para que el otro empiece. Aunque la duración de cada uno de ellos varía de persona a persona, es importante visualizar la secuencia de estos elementos, es decir su orden cronológico, para que no sólo podamos ver el desarrollo de la teología de Wesley, sino también para ver cómo es transformada la vida de la persona según vaya experimentando los diferentes momentos de la gracia y salvación de Dios. Hasta ahora tenemos el siguiente orden:

1. Dios es eterno.
2. Dios crea el universo, todo ser viviente y materia, con el deseo de entablar una relación de amor y amistad con la creación.
3. A diferencia del resto de la creación, Dios crea a los seres humanos a su imagen y semejanza.
4. La imagen de Dios se manifiesta de tal manera que los seres humanos viven en armonía con la creación, tienen una relación de perfecta amistad con Dios, y en su diario vivir reflejan las cualidades morales del carácter de Dios, como la libertad, el amor, la justicia y la misericordia.
5. Haciendo uso de su libertad, los seres humanos desobedecen a Dios y deciden seguir sus propios designios en lugar de escuchar la voz y el consejo de Dios.
6. Con la desobediencia, todos los seres humanos caen en un estado de total separación de Dios y en una vida donde nada hay bueno.
7. Dios interviene y previene la destrucción total de la raza humana, y otorga la gracia *anticipante* a todo ser humano para restaurar Su imagen y dar capacidad al ser humano para responder a Su llamado e invitación.
8. Dios llama e invita a todas las personas a recibir el don de la salvación a través de la obra redentora de Jesucristo.
9. Bajo los efectos de la gracia *convincente* algunas personas aceptan *por* fe y *en* fe la invitación de Dios para salvación.
10. La persona se arrepiente de su condición pecaminosa, y de diferentes formas y maneras expresa un deseo ferviente de amar, seguir, obedecer, adorar y servir a Dios de una manera incondicional.

11. Las personas son justificadas por Dios a través de la gracia que les ha sido dada y por medio de la fe.

El significado, implicaciones, condiciones y efectos de la justificación serán el tema de estudio del resto de este capítulo.

A. El significado de la gracia justificadora

Wesley declara, «Pero ¿qué significa ser justificado? ¿Qué cosa es la justificación? … No se trata de ser justo o recto en el sentido literal … La justificación implica lo que Dios hace por nosotros por medio de su Hijo».[2] Para Wesley, no hay duda de que Dios conoce la naturaleza de las personas y su condición, así que entiende que nadie es justo. Sólo Jesús fue justo en toda su manera de vivir. Todos los demás, sin excepción, ni son ni pueden ser justos. Así pues, ¿qué es lo que Dios hace por los seres humanos a través de su Hijo? Para responder, Wesley primero explica lo que no es la justificación:

> No se puede probar con ningún texto específico de las Sagradas Escrituras la doctrina aventurada de que la justificación nos libra de toda acusación, especialmente de la que Satanás hace en nuestra contra… [ni] que la justificación significa quedar libre de la acusación que *la ley* presenta en contra nuestra … [y mucho menos] lo siguiente: que si bien hemos quebrantado la ley de Dios y merecido por ello la condenación del infierno, Dios no aplica el merecido castigo a las personas que han sido justificadas. Menos aún que lo anterior, la justificación significa que Dios se engañe con aquellos a quienes justifica; que los crea ser lo que en verdad no son; que los considere diferentes de lo que son.[3]

Puesto que la mayoría de lectores de este libro son cristianos protestantes o evangélicos, estas palabras de Wesley causan una gran sorpresa y hasta cierto punto confusión. Y es que la explicación de Wesley referente a lo que la justificación *no es* es precisamente la que nosotros hemos escuchado y aprendido en nuestras iglesias, inclusive en las que son parte de nuestra familia arminiano-wesleyana. De hecho, recuerdo un curso que impartí (en Passaic, Nueva Jersey) a un grupo de pastores y pastoras hispanos de la Iglesia

Metodista Libre que no tenían una educación teológica formal. Al momento de explicar el concepto de la justificación desde la perspectiva de Wesley, todos ellos se sorprendieron al escuchar por primera vez lo que Wesley dice que no es la justificación. Antes de explicar el concepto wesleyano de la justificación veamos lo que la teología protestante enseña.

Usualmente, para explicar el significado y lo que sucede en la justificación se usa la analogía de una corte de justicia. De esta manera los teólogos protestantes han pretendido dar una aproximación objetiva y funcional de la justificación. El acusado es el ser humano, y el delito consiste en vivir deliberadamente en pecado y, por lo tanto, en contra de Dios. El acusado ha quebrantado la ley y todo aquel que peca merece la pena de muerte y el castigo eterno. El ser humano, entonces, se encuentra delante del Juez, delante del Rey Soberano, de Dios mismo, que conoce todas las cosas incluyendo los deseos de nuestro corazón y los pensamientos de nuestra mente. Siguiendo esta analogía, cuando la justificación entra en acción, lo que sucede es que de una manera arbitraria (desde el punto de vista calvinista), o basado en la decisión de la persona de aceptar a Cristo como Señor y Salvador de su vida, el Juez (Dios) en lugar de declarar a la persona culpable, la declara «justa». Así pues, Dios «hace justo» al pecador de una manera formal y legal. Otros argumentan que durante el juicio, cuando el pecador es acusado por el Juez, el pecador apela a su Abogado Defensor (Cristo), y cuando Cristo entra en acción se interpone entre el Juez y el pecador, de modo que el Juez ya no ve al pecador ni sus pecados, sino que ahora ve todo a través de Cristo y por lo tanto declara «justo» al acusado (el ser humano).

Es importante notar que la mayoría de los estudiosos de la Biblia, especialmente quienes se dedican a estudiar las cartas de Pablo, creen que la teoría legal es sólo una explicación parcial de la justificación, y que los escritos de Pablo van más allá de las simples implicaciones legales de la justificación. Por ello concluyen que la justificación es mucho más que una simple declaración legal que le da una credencial al pecador declarándolo justo, aun cuando no lo sea de manera literal. A esta teoría sobre la justificación se le llama «justificación imputada».

Wesley toma otra dirección y usa la analogía del nuevo nacimiento para explicar la justificación, lo que Dios hace por nosotros por medio de Cristo, y dice:

> La enseñanza simple y clara de la Escritura respecto a la justificación es el perdón, el perdón de los pecados. Es ese acto de Dios el Padre mediante el cual, por medio de la propiciación hecha por la sangre de su Hijo, manifestó su justicia (o misericordia) a causa de haber pasado por alto, en su paciencia, los pecados pasados... A quien está justificado o perdonado, Dios no le imputará pecado para condenación. Por esta causa no lo condenará ni en este mundo ni en el otro. Todos sus pecados pasados, de pensamiento, palabra y obra son cubiertos, son borrados; no serán recordados ni mencionados en su contra; son como si nunca fueran sido. Dios no aplicará a este pecador lo que merece, porque el Hijo de su amor sufrió por él. Desde el momento en que somos aceptos en el Amado, justificados en su sangre, Dios nos ama y nos bendice, y vela por nosotros para bien, como si nunca hubiéramos pecado.[4]

Para Wesley, entonces, la justificación es algo real. Es mucho más que una declaración legal. Es mucho más que un simple pronunciamiento divino en que el ser humano recibe los beneficios sin ninguna responsabilidad de su parte. De nueva cuenta, como lo hemos visto con la gracia *anticipante* y la gracia *convincente*, también la gracia *justificadora* llama al pecador a tomar una parte activa en la justificación. Para Wesley, aceptar o recibir el perdón de pecados en Cristo —que es la esencia de la justificación— requiere un cambio interno, un nuevo nacimiento, un nuevo inicio, un cambio radical en todos los aspectos de la vida. Es decir, tiene como resultado convertirse en una nueva criatura:

> Porque cuando alguien es justificado, nace de nuevo, nace de lo alto, nace del Espíritu... Saben que para aquel nacido del Espíritu, nacer de nuevo implica un cambio tan profundo como el que se operó en su cuerpo cuando salió del vientre de su madre. No se trata sólo de un cambio exterior, de cambiar, por ejemplo, de ebrio a sobrio, o de ladrón a persona honesta (esta visión es producto de la arrogancia, pobre y lamentable arrogancia, de quienes nada saben de la religión verdadera). Se trata de un cambio interior, cambiar nuestro carácter pecaminoso por un carácter en santidad, transformar nuestro orgullo en humildad, nuestra ira en mansedumbre, nuestro descontento e insatisfac-

ción en paciencia y resignación; en síntesis, transformar nuestra mente terrenal, animal, diabólica, para que haya en nosotros ese mismo sentir que hubo en Cristo Jesús.[5]

A esta explicación de la justificación se le ha dado el nombre de *justificación impartida,* indicando que Dios imparte su amor y perdón al creyente y lo hace una nueva criatura, una nueva persona. Podemos concluir diciendo que para Wesley, la justificación es un cambio de condición real y verdadero, es mucho más que una simple declaración legal; es el perdón de Dios otorgado por medio de Jesucristo al pecador.

Algunos autores contemporáneos afirman que la experiencia de Wesley en Aldersgate fue una experiencia de «justificación» y, por lo tanto, esta experiencia informó la manera en que Juan percibió y entendió la teología. Otros argumentan que lo sucedido en Aldersgate fue que Wesley recibió la seguridad de su salvación, que ya era salvo pero no estaba seguro de ello hasta que tuvo esa experiencia. Incluso hay otros que dicen que lo que Wesley conoció en Aldersgate fue la experiencia de la santidad. Todos estos argumentos se deben a que ni el mismo Wesley define con precisión lo acontecido en Aldersgate con sus interpretaciones de la gracia y salvación. Pero al leer sus diarios y «escuchar» la manera y el tono en que describe su experiencia del «corazón ardiente», podemos ver un claro paralelismo entre su interpretación de la gracia justificadora y su experiencia en Aldersgate, como lo indica lo que escribe el 29 de enero de 1738, meses antes de su experiencia en Aldersgate.

> Si se dice que tengo fe (porque tal cosa se ha oído de labios de miserables consoladores), yo contesto: También la tienen los demonios. Tienen cierta clase de fe; pero aún son extraños al pacto de la promesa. Así los apóstoles tuvieron fe en Caná de Galilea, cuando Jesús primeramente manifestó su gloria. Ellos entonces en cierta manera creyeron en él, pero sin tener la victoria que ha vencido al mundo, nuestra fe. La fe de que necesito «es esperanza y confianza segura en Dios, que a través de los méritos de Cristo mis pecados son perdonados y yo reconciliado en la gracia de Dios». Deseo la fe que San Pablo recomienda a todo el mundo, especialmente en su Epístola a los Romanos. Aquella fe que capacita a todos los que la poseen a clamar, «ya no vivo yo, mas vive Cristo en mí, y lo que ahora vivo en la carne, lo vivo en

la fe del hijo de Dios, el cual me amó y se entregó a sí mismo por mí». Deseo esa fe que nadie puede tener sin saber que la posee (aunque muchos se imaginan tenerla, pero no la tienen). Quien posee esa fe ha sido justificado del pecado, para que el cuerpo del pecado sea destruido, y está libre del temor, tenemos paz para con Dios por medio de nuestro Señor Jesucristo. [6]

Así que, siguiendo la jornada espiritual de Wesley, en la siguiente sección nos ocuparemos de los resultados y consecuencias de la justificación.

B. La gracia justificadora y la fe del pecador

Iniciemos «escuchando» las palabras de Wesley cuando pregunta: «¿Bajo qué condiciones son justificados los injustos y aquellas personas que hasta ese momento no hacen buenas obras? Bajo una sola condición: la fe.» Dos aspectos importantes salen a relucir de esta cita. El primero, que la única condición para que la gracia justificadora actúe en la vida del ser humano es la fe. Segundo, que no hay buenas obras antes del momento de la justificación. Por lo tanto, en el camino de la salvación, es necesario seguir esta secuencia y primero definir lo que Wesley entiende por fe y luego cuál es la función de las buenas obras.

Para Wesley la fe también es un don de Dios y es dada a quien la quiera recibir.

> Este es el mensaje de reconciliación que predicamos. Este es el fundamento que jamás podrá ser movido. Por fe, somos parte del fundamento, y esta fe es un don de Dios. Es un don gratuito, el cual Dios otorga ahora y quien lo desee recibir. Y cuando este regalo de Dios ha sido recibido, entonces los corazones de quienes lo han recibido se derretirán de amargura al tomar conciencia de que han ofendido a Dios. Pero este don de Dios vive en el corazón y no en la cabeza. La fe de la cabeza, aprendida de personas o libros, no tiene valor. No trae remisión de pecados, ni tampoco paz con Dios. Entonces busca creer con todo el corazón, para que de esta manera puedas recibir redención a través de la sangre de Cristo. Para que puedas ser limpio de todo pecado. Para que puedas ir de victoria en victoria, siendo renovado día a día en justicia y santidad.[7]

Para Wesley la fe consiste en la seguridad y confianza de que Dios nos ha perdonado, recibir este perdón de Dios voluntariamente y con gratitud, y creer en nuestro corazón que Dios nos ha aceptado y hecho parte de su familia. Reconocer que esto es un don de Dios parte de la obra redentora de Dios por medio de su Hijo Jesucristo.

Lo interesante de la cita anterior es que Wesley dice que la fe no «vive» en la cabeza, en el mundo de las ideas abstractas, en tratados teológicos, y mucho menos en reglas frías o mandamientos que no incluyan una relación personal con Dios. Dos cosas importantes hay que señalar a este respecto. En primer lugar, una vez más Wesley integra su vida a sus reflexiones teológicas. He aquí el estudioso por excelencia, el que recibió una educación privilegiada en uno de los centros teológicos más importantes de su época (la Universidad de Oxford), el que aprendió los idiomas bíblicos y otros para poder aprender más de la fe cristiana y encontrar respuestas a sus dudas y temores, éste hombre ahora llega a la conclusión, basado en su experiencia, que la fe que justifica, la que lleva a la salvación, no se encuentra en lo que se aprende en la academia. Descubre que la fe que justifica y salva se encuentra en el corazón, y esto es una referencia implícita a su experiencia en Aldersgate donde sintió que su corazón ardía. La fe que salva y justifica es un don de Dios y debe ser aceptada con el corazón, con nuestros sentimientos, y tiene que demostrarse con un cambio de voluntad y una clara transformación de nuestro carácter.

Los argumentos de Wesley son un tanto irónicos y contradictorios para él y para nosotros, en particular porque Wesley pasó una gran parte de su vida estudiando, y un buen porcentaje de lo que escribió está dedicado a defender sus posiciones teológicas y contestar a quienes lo acusaban de que su doctrina no era correcta. A pesar de estas aparentes contradicciones y de lo irónico de estos argumentos, sin embargo, no debemos caer en el error de tratar de separar la fe de la cabeza de la fe del corazón. Como hasta ahora hemos visto, la vida y la teología de Wesley estaban estrechamente entrelazadas. Sus reflexiones teológicas son producto de sus experiencias, y algunas de sus experiencias son producto de sus investigaciones teológicas. Así pues, es cierto que nuestra fe debe ser razonable, pero, por sobre todas las cosas, debe ser experimentada, vivida, y por supuesto, practicada.

Wesley también argumenta que el mismo Dios busca y desea ver en el pecador arrepentido este tipo de fe en acción:

Yo creo que el Dios de misericordia le da más importancia a la vida y al carácter de las personas que a sus ideas. Yo creo que Dios respeta la bondad del corazón, más que la claridad de la cabeza (mente); por lo tanto, el corazón de las personas es lleno (por la gracia de Dios y el poder del Espíritu) con humildad, gentileza y amor para con Dios y la humanidad. Dios no les enviará al fuego eterno, preparado para el Diablo y sus ángeles, a pesar de que las ideas de ellos no sean claras o porque sus conceptos sean confusos. Sin santidad, yo insisto, nadie verá al Señor, pero no me atrevo a añadir a esta condición, y con ideas claras.[8]

De nuevo Wesley pone un énfasis mayor en las expresiones externas que en lo que ocurre internamente en el pecador que se arrepiente y en las explicaciones abstractas de tal acontecimiento. La fe en Cristo (que da el perdón de pecados) de todo corazón es mayor que el conocimiento teórico; en otras palabras, si el conocimiento no va acompañado de la práctica, entonces no tiene validez para Dios. Dios da la bienvenida a cristianos que vivan una vida que refleje Su carácter, no a quienes puedan explicar el carácter de Dios con elaboradas frases o conceptos. Para Wesley, la humildad, la amabilidad, el servicio en amor, la ayuda al prójimo y al necesitado, todo ello son muestras del carácter de Dios y, por lo tanto, la evidencia de que el perdón de Dios mora en el corazón de la persona, a pesar de que no pueda explicar lo que ha sucedido en su vida. Wesley afirma que «Cuanto más converso con esta gente, más me asombro. Es manifiesto que Dios ha hecho una gran obra entre ellos. Sin embargo, la mayoría, creyentes y no creyentes, no son capaces de dar una exposición razonable de los principios más sencillos de la religión. Está claro que Dios comienza su obra en el corazón y el soplo del Omnipotente le hace que entienda».[9] Esto nos confirma que la fe es un don de Dios, y no el resultado de un ejercicio intelectual humano.

Con respecto a las buenas obras previas a la justificación, Wesley da una respuesta clara y definitiva en su sermón *La justificación por la fe*:

Mas si alguien levanta la objeción: «Una persona antes de ser justificada, puede dar de beber a las personas sedientas, vestir a las desnudas, y éstas son buenas obras». La respuesta es sencilla. Esa persona puede hacer estas cosas, aun antes de ser justificada. Y en cierto sentido son buenas obras; son buenas y provechosas para los seres humanos. Esto no quiere decir que sean buenas intrínsecamente, o que sean buenas a los ojos de Dios. Todas las obras verdaderamente buenas (para usar el lenguaje de nuestra iglesia) siguen a la justificación, y son por lo tanto, buenas y aceptables a Dios en Cristo, porque nacen de una fe viva y verdadera. Usando las mismas razones podemos decir que todas las buenas obras hechas antes de la justificación no son buenas en el sentido cristiano, pues no son el resultado de la fe en Jesucristo (aunque pueden surgir de cierto grado de fe en Dios), puesto que no son hechas de acuerdo a la voluntad de Dios ni a sus mandamientos (aunque esto nos parezca extraño) sino que tienen la naturaleza del pecado. Tal vez los que dudan de esto no hayan considerado en todo su peso la razón que aquí se aduce por lo cual no deben considerarse como buenas obras hechas antes de la justificación. El argumento es el siguiente:

Ninguna obra es buena a menos que se haya hecho según Dios lo desea y manda.

Ninguna obra hecha antes de la justificación es hecha según Dios lo desea y manda.

Luego: Ninguna obra hecha antes de la justificación es buena.

La primera proposición es evidente por sí misma. Y la segunda, que ninguna obra hecha antes de la justificación es hecha en conformidad con la voluntad y el mandato de Dios, aparecerá clara y evidente si consideramos el mandato de Dios de hacer todas las cosas en amor (en ágape); en ese amor a Dios que produce amor hacia todos los seres humanos. Pero ninguna de estas obras puede ser hecha en amor mientras el amor del Padre (de Dios como nuestro Padre) no está en nosotros. Y este amor no puede estar en nosotros hasta que no recibamos el espíritu de adopción, por el cual clamamos: ¡Abba, Padre! Por lo tanto, si Dios no justifica a los impíos y a los que en este sentido no hacen obras buenas, entonces Cristo ha muerto en vano; entonces, a pesar de su muerte ninguna carne es justificada.[10]

C. La seguridad de la salvación: Por medio de la fe y la gracia justificadora

Como lo hemos explicado hasta ahora —y a pesar de que desarrolla conceptos únicos referentes a la función de la gracia de Dios en la salvación— cuando Wesley se refiere a la gracia, podemos clasificar su concepción como parte de la tradición protestante más pura y clásica. Sin embargo, cuando Wesley se refiere a la salvación usa diferentes palabras e imágenes como: nuevo nacimiento, regeneración, restauración, conversión, la verdadera religión, el inicio de la santidad y otras similares. Con ellas no intenta crear algo nuevo (aunque a pesar de que su explicación de las etapas de la salvación sí lo es). En cuanto a la salvación se refiere, Wesley sigue los conceptos y explicaciones de la tradición cristiana, pero con una interpretación propia y haciendo conexiones con las diferentes funciones de la gracia divina. Esto lo podemos ver más claro cuando dice que:

> Por salvación quiero decir, no sólo librarse del infierno e ir al cielo, como vulgarmente se entiende, sino la liberación presente del pecado, una restauración del alma a su estado primitivo de salud, su pureza original. La salvación es una recuperación de nuestra naturaleza divina; la renovación de nuestra alma a la imagen de Dios, en integridad y verdadera santidad, en justicia, misericordia y verdad. Esto implica recuperar las disposiciones celestiales y santas, y en consecuencia la santidad en nuestra manera de vivir.[11]

> … salvación que comienza con lo que muy acertadamente se ha llamado una gracia anticipante. Nos referimos así al deseo primero de agradar a Dios, al primer atisbo de conocimiento con respecto a su voluntad, y a tener esa primera sensación, leve y transitoria, de que hemos pecado contra él. Todo esto ya es señal de vida, de cierto grado de salvación; es el primer paso para librarnos de nuestra ceguera e insensibilidad hacia Dios y todo lo referido a él. Esta salvación se continúa con la gracia convincente, generalmente llamada arrepentimiento en las Escrituras, que nos permite alcanzar un mayor conocimiento de nosotros mismos, y avanzar más en el proceso de librarnos de nuestros corazones de piedra. Luego experimentamos la verdadera salvación de Cristo,

mediante la cual «por gracia, somos salvos por fe». Esta salvación comprende dos grandes áreas: justificación y santificación. Por medio de la justificación somos salvos de la culpa del pecado y recuperamos el favor de Dios. La santificación nos libra del poder y la fuente del pecado, y así recuperamos la imagen de Dios. Sabemos por experiencia y por las Escrituras que esta salvación es al mismo tiempo instantánea y gradual. Comienza en el momento en que somos justificados por el amor santo, humilde y paciente de Dios y el ser humano. Y a partir de ese momento crece lentamente como *el grano de mostaza, el cual es la más pequeña de todas las semillas, pero lentamente, se hace árbol y las aves hacen nidos en sus ramas*. En un instante el corazón es limpio de todo pecado y lleno de amor puro hacia Dios y las demás personas. Y este amor se fortalece más y más hasta que *crezcamos en todo en aquel que es la cabeza, hasta que todos lleguemos a la medida de la estatura de la plenitud de Cristo.*[12]

Así pues, basándose en estas citas de Wesley, y en el resto de lo que escribió, podemos afirmar que la comparación de la salvación con el nuevo nacimiento es la expresión que más se aproxima a la que Wesley trata de comunicar. Esperamos que así nos sea más fácil entender y visualizar la idea que la salvación es un evento instantáneo y a la vez un proceso gradual. Wesley explica esto de la siguiente manera:

Antes que un niño nazca en el mundo tiene ojos pero no ve, tiene oídos pero no oye. Tiene un uso imperfecto de todos los otros sentidos. No tiene conocimiento de ninguna de las cosas que hay en el mundo, ni ningún entendimiento natural... ¡Con cuánta exactitud se mantiene el paralelo en todas instancias! Mientras una persona está en su mero estado natural, antes que haya nacido de Dios, no tiene relación con él, no está familiarizado con él en absoluto. No tiene verdadero conocimiento de las cosas de Dios, tanto de las cosas espirituales como de las eternas. Por tanto, aunque sea un ser humano vivo, es un cristiano muerto. Pero tan pronto como es nacido de Dios hay un cambio total en todos sus aspectos... Por tanto, aquí se manifiesta claramente cuál es la naturaleza del nuevo nacimiento. Es el gran cambio que Dios opera en el alma cuando la trae a vida, cuando la levanta de la muerte de pecado a la vida de justicia. Es el cambio obrado en toda el alma por el todopoderoso Espíritu de Dios cuando ella es de nuevo creada en Cristo Jesús, cuando es renovada conforme a la imagen de

Dios, en la justicia y santidad de la verdad, cuando el amor al mundo es transformado en el amor de Dios, el orgullo en humildad, la pasión por mansedumbre, el odio, la envidia y la malicia en un amor sincero, tierno y desinteresado por todo el género humano.[13]

Para Wesley, la salvación (la conversión), el nuevo nacimiento, no solamente le da al creyente una vida nueva, sino también una nueva voluntad, un nuevo inicio en sus deseos e inclinaciones. Por la misericordia de Dios se ofrece una nueva naturaleza espiritual al creyente para que pueda reflejar, casi de una manera perfecta, la imagen de Dios que había perdido al momento de la caída. Esta imagen —hasta cierto punto restaurada por la gracia de Dios— ahora con la nueva naturaleza, con la nueva vida que llega al momento de creer y depender de Dios, es más clara y evidente. Por lo tanto, es de esperarse que el recién nacido creyente, conforme vaya creciendo en la gracia de Dios, también empezará a reflejar la imagen de Dios en todos sus aspectos y plenamente.

La relación que existe entre la imagen de Dios y la salvación (el nuevo nacimiento) es de vital importancia para nuestra fe, porque no es una idea romántica ni una explicación filosófica. Para Wesley, desde el momento en que alguien recibe la salvación tiene la capacidad de vivir una vida donde la imagen de Dios es palpable y evidente. Y la imagen de Dios nos lleva al relato de la creación, al momento antes de la caída, y las dinámicas presentes antes de la corrupción del universo. Por ello Wesley argumenta que con la salvación se nos da una nueva naturaleza de tal manera que la imagen de Dios es evidente. ¿Qué implica esto?

En primer lugar implica que hay una relación directa de amistad y de amor entre Dios y el creyente. Significa que las barreras del pecado han sido abolidas, que podemos hablar directamente con Dios y tener una relación íntima, diaria y personal. Que podemos gozar de los privilegios de su amor y de ser miembros de su familia. Esto implica vivir sin temor. Debido al gran amor por Dios (que Dios mismo ha producido en nosotros), ahora le obedecemos y le servimos no por obligación ni por necesidad, sino más bien como respuesta al amor incondicional que nos ha dado. En realidad es una respuesta a su insistente invitación a ser parte de su familia, es agradecimiento por la obra de su Hijo Jesucristo que se ofreció por nosotros para mostrarnos el amor del Padre. A esto se debe que el creyente viva con gozo y sirva con alegría de corazón.

Como ya lo vimos antes, la imagen de Dios tiene tres elementos: natural, moral y política; y aunque fue plasmada de una manera personal en cada ser humano, su expresión y manifestación no se reduce a la vida individual y aislada. La imagen de Dios también representa armonía social y ambiental, por lo tanto, esta imagen no se puede reflejar de una manera aislada, sino que requiere de relaciones humanas. Cierto, la relación entre Dios y el ser humano ha sido restaurada de una manera personal; pero la imagen de Dios en los seres humanos no solamente se manifiesta o se reduce a una relación vertical (de Dios al ser humano individual). Las relaciones horizontales, es decir, las relaciones humanas, también deben reflejar este cambio radical.

Lamentablemente la mayoría de los teólogos wesleyanos enfatizan únicamente la experiencia individual y privada de Juan Wesley en Aldersgate y olvidan los otros aspectos de esta experiencia. Recordemos lo que Juan hizo después de haber sentido un «calor extraño» en su corazón: ¡Oró por quienes lo habían ultrajado y perseguido! En otras palabras, de inmediato perdonó y amó a quienes le habían causado daño. Este aspecto de la experiencia cumbre de Wesley nos muestra las implicaciones sociales y comunitarias de su «conversión». Wesley inmediatamente reconoció que la respuesta a su búsqueda espiritual y su experiencia personal de justificación no podían permanecer sólo en su corazón, sino que debían extenderse a quienes le rodeaban, incluyendo a quienes le habían hecho o causado algún mal. Así pues, una expresión práctica de la salvación, del reflejo de la imagen de Dios y del perdón de nuestros pecados, es el deseo de buscar la reconciliación con quienes nos han hecho mal, de vivir en armonía con la gente que nos rodea, que incluye a nuestros enemigos, personas de diferente condición social o incluso gente inmoral y «perdida». ¡Y es que nosotros mismos estábamos en esa condición cuando Dios nos amó y cuando Cristo murió por nosotros! Por lo tanto, una parte esencial de la salvación, del nuevo nacimiento, es la obra restauradora que Dios realiza en la vida social y comunitaria del creyente, es el impulso para restaurar relaciones con las personas que le rodean y, especialmente, con quienes nos han causado algún mal.

Una vez que hemos explorado las condiciones e implicaciones de la salvación, ahora debemos prestar atención a otro aspecto importante de la teología de Wesley, que es la seguridad de la salvación. Como ya lo hemos mencionado antes, varios autores consideran que la experiencia en Aldersgate no fue necesariamente una experiencia de «conversión», sino que más bien Wesley obtuvo la *seguridad* de que Dios lo había salvado. De hecho, en el diario de Wesley y en otros documentos (por ejemplo, de 1725, trece años antes de su experiencia en Aldersgate), Wesley expresa que desea estar seguro y tener la confianza de que Dios lo ha perdonado y aceptado totalmente. Dado su interés en esto, empezó a estudiar y consultar con otras personas —especialmente los moravos— respecto a esta seguridad. A pesar de ello, parece que Wesley no veía la conexión entre la justificación y la seguridad de la salvación. Aparentemente, Wesley había entendido teológicamente lo que era la justificación, pero no tenía una certeza práctica en su vida, no la había experimentado y, por lo tanto, dudaba de su salvación. Esta duda se manifestaba en su gran temor a la muerte. Así pues, para poder entender el asunto de la seguridad de la salvación, una vez más Wesley une los conceptos teológicos y abstractos con su experiencia en Aldersgate.

Es importante notar que la seguridad de salvación de la que habla Wesley no es algo puramente emotivo o un sentimiento casual. Para Wesley, la seguridad de la salvación es una convicción que *puede* y *debe* ser practicada. Así pues, no podemos tener seguridad de ser salvos sin que antes tengamos la salvación misma, y como ya lo explicamos, la salvación requiere la fe, el perdón de Dios y un entendimiento básico de la obra de Dios en Jesucristo. Por lo tanto, la seguridad de la salvación —a que Wesley se refiere como el testimonio de Dios a nuestro espíritu de que somos salvos— es mucho más que una simple emoción o sentimiento agradable y cálido propiciado y alentado por las circunstancias del momento.

Wesley explica esto de la siguiente manera:

A continuación, consideremos cómo puede distinguirse clara y fielmente el testimonio en nuestro espíritu de la suposición de nuestra menta natural y del engaño del diablo. Es importante a los que desean la salvación de Dios, considerarla con la mayor atención para no engañarse a sí mismos. Un error en asunto como éste es de fatales consecuencias; tanto más, porque el que lo comete no lo descubre hasta que ya es demasiado tarde para corregirlo. Primero, ¿cómo podemos distinguir este testimonio de la suposición de una mente natural? Ciertamente, uno que nunca ha sido convencido de su pecado está siempre listo para halagarse y para pensar de sí mismo, especialmente en asuntos espirituales, más altamente de lo que debe pensar. De la misma manera, no es extraño si uno que se vanagloria de su mente carnal, cuando oye acerca de este privilegio de los verdaderos cristianos, entre los que indudablemente se cuenta él mismo, se persuada a sí mismo, y esto con la mayor facilidad, de que él lo posee. Tales ejemplos abundan ahora en el mundo, como han abundado en todas las edades. Entonces, ¿cómo podemos distinguir el testimonio verdadero del Espíritu en nuestro espíritu de esta peligrosa presunción? Mi respuesta es que en las Santas Escrituras hay abundantes marcas y señales que nos ayudan a distinguir entre el testimonio del Espíritu y las presunciones de nuestra mente natural... Las Escrituras describen el nuevo nacimiento como un cambio que debe preceder al testimonio de que somos hijos de Dios, como un cambio grande y poderoso... Pero aun haciendo a un lado la consideración de lo que se haya experimentado o dejado de experimentar, podemos distinguir fácilmente, por sus marcas, a un hijo de Dios de uno que presume serlo, engañándose a sí mismo. Las Escrituras describen el gozo en el Señor que acompaña al testimonio de su Espíritu como un gozo humilde; un gozo que se humilla hasta el polvo de la tierra... En dondequiera que hay humildad, allí también se encuentra la mansedumbre, paciencia, amabilidad y templanza... ¿Se presentan estos frutos en aquellos que carecen de testimonio del Espíritu? Todo lo contrario.[14]

Así pues, Wesley nos dice que la seguridad de la salvación, el testimonio de Dios a nuestro espíritu de que somos salvos, por lo menos está basada en dos aspectos esenciales. El primero de ellos es el hecho de que el amor de Dios es lo que mueve a Dios a darnos esta seguridad y a nosotros a aceptarla y utilizarla en momentos de duda e inseguridad, como le sucedió al mismo Juan Wesley. Con respecto a su experiencia en Aldersgate él mismo dice, «No pasó mucho tiempo antes que el enemigo sugiriera: 'Esto no puede ser fe, pues ¿dónde está tu regocijo?' Entonces aprendí que la paz y la victoria sobre el pecado son esenciales a la fe en el Capitán de nuestra salvación».[15] Si bien es cierto que en este momento el conocimiento teórico de Wesley finalmente se une a su experiencia, de cualquier manera podemos notar que las dudas con respecto a la seguridad de su salvación, las mismas que le agobiaron a Wesley prácticamente toda su vida, vuelven a surgir casi al instante.

Después de Aldersgate, sin embargo, Wesley atribuyó estas dudas a la obra de Satanás, y afirmó que si bien es cierto que las emociones y sentimientos pueden variar, la veracidad y la confianza de esta experiencia eran innegables y, por lo tanto, ahora nadie podría hacerle dudar del perdón de sus pecados. Además, como él lo afirmó en las citas de arriba, los frutos de esta seguridad serían evidentes. En lugar de quedarse atorado en la duda, la incertidumbre, o alguna experiencia negativa, Wesley ahora se dio a la tarea de testificar en forma pública lo que Dios había hecho en su vida. Necesitamos enfatizar la importancia de esta experiencia, ya que cuando compartió lo que Dios había hecho en su vida, ¿acaso Wesley no se estaba haciendo responsable de sus actitudes y conducta delante de la congregación? Si expresó que recibió el perdón de Dios y experimentó la seguridad de la salvación, entonces, lógicamente Wesley debería vivir de acuerdo con ello. Vuelvo a insistir, la experiencia de Wesley no fue algo privado y personal solamente, más bien este testimonio público de la seguridad de salvación nos habla de la importancia que tiene la comunidad cristiana para ahuyentar las dudas y destruir la obra del enemigo.

Desde el punto de vista wesleyano, tanto la salvación como la seguridad de ella, no deben ser experiencias aisladas de la comunidad cristiana. Al tratar de reflejar la imagen de Dios después de haber recibido la salvación, hay que recordar que la imagen de Dios no se encuentra sólo en individuos aislados, sino también en la comunidad de los creyentes, en la relación que se da entre unos y otros. Al promoverla y vivirla así estaremos evitando caer en lo que muchos otros seguidores de Wesley han caído: un legalismo que exige ciertas expresiones personales y prácticas privadas de «espiritualidad», pero sin la ayuda o relación con la comunidad cristiana, sin el diálogo o la conversación con otros creyentes, o como una exigencia que no alienta el compromiso con otras personas. Esto sería totalmente contrario a lo que Wesley creía, lo que enseñó y lo que su experiencia corroboró.

NOTAS

[1] *Obras de Wesley,* Tomo I, Sermones I, p. 99.

[2] Ibid., p. 104.

[3] Ibid., pp. 104-105.

[4] Ibid., p. 106.

[5] Ibid., Tomo IV, Sermones IV, pp. 238-239.

[6] Ibid., Tomo XI, Diarios Tomo I, pp. 39-40.

[7] *Works of John Wesley,* Vol. I, p. 119 (mi traducción).

[8] Ibid., Vol. 7, «Sermon 125 Living without God», p. 354.

[9] *Obras de Wesley,* Tomo XI, Diarios Tomo I, p. 275.

[10] Ibid., Tomo I, Sermones I, pp. 109-110.

[11] Ibid., Tomo VI, Defensa del Metodismo, p. 77.

[12] Ibid., Tomo IV, Sermones IV, pp. 120-121.

[13] Ibid., Tomo III, Sermones III, pp. 131-133.

[14] Ibid., Tomo I, Sermones I, pp. 198-201.

[15] Ibid., Tomo XI, Diarios Tomo 1, p. 64.

Capítulo 9
La perfección cristiana: La santidad personal y social

*H*asta este momento, y de acuerdo con Juan Wesley, hemos presentado una serie de conceptos e interpretaciones sobre la vida cristiana. Ahora es tiempo de que abordemos el concepto de la perfección cristiana. En diferentes círculos religiosos este concepto tiende a ser el más controversial y debatido. En primer lugar esto se debe a que la palabra *perfección* tiene connotaciones que nos llevan a pensar en la imposibilidad de aplicarla al cristianismo.

La palabra *perfecto* implica «que tiene el mayor grado posible de bondad o excelencia en su línea». Antepuesto a un sustantivo al que califica, significa «que posee el grado máximo de una determinada cualidad o defecto».[1] Además de esta definición, las siguientes connotaciones están ligadas a la palabra *perfección*: «sin error, sin falta, y completo». Por lo tanto, un cristiano perfecto, basado en la percepción secular y común, es aquel que no tiene errores, faltas, que está completo y posee el grado máximo de excelencia. Ante esto, la reacción inmediata es que nadie puede ser perfecto, que no hay cristiano que lo haya sido o que lo pueda ser.

A esto se debe que exista una reacción negativa a lo que Wesley propone, y crea confusión y controversia entre los que leen a simple vista la afirmación de Wesley de que los cristianos pueden y deben ser perfectos en esta vida. Así pues, el propósito particular de este capítulo será explicar, de una manera sencilla, la doctrina de la perfección cristiana tal como el fundador del metodismo la expone.

A. El pecado en los creyentes y la gracia santificadora

Aunque ya hemos visto que Wesley menciona la gracia santificadora y la santidad como parte del camino de la salvación, hasta este momento no le hemos dedicado atención especial. Siguiendo la trayectoria de Wesley sabemos que la salvación es el inicio de la salvación, y que la salvación y la santidad son obras de la gracia divina. También hemos establecido que al momento en que los pecadores reciben el perdón de Dios, en ese preciso instante son nacidos de nuevo. Pero ¿qué sucede después de ese instante en que el perdón de Dios ha sido derramado en nuestros corazones? Claro que Wesley habla de los efectos de esta experiencia y de la seguridad de la salvación como parte de ella. Pero de igual manera en que un recién nacido crece cada día y se fortalece cuando se alimenta saludablemente, para quienes han sido redimidos de sus pecados por la sangre de Cristo, para quienes han experimentado el gozo de la salvación, para quienes han nacido de nuevo, ese nacimiento no es la culminación de su vida. Al contrario, ¡es apenas el inicio de ella! La culminación es la glorificación, la gloria eterna al lado de Dios. Pero antes de llegar al final de la carrera, Wesley afirma que se debe dar en nosotros la obra de la gracia santificadora.

De acuerdo con sus observaciones, sus experiencias y sus estudios de las Escrituras, Wesley ve la necesidad de la obra santificadora de la gracia de Dios en el creyente. Wesley afirma que en la vida del creyente, de quienes han nacido de nuevo y han sido justificados, todavía existen remanentes del pecado, o sea que el pecado todavía está presente en la vida de quienes desean seguir creciendo en la fe cristiana. Es cierto que estas personas ya han recibido y aceptado la gracia convincente, la gracia justificadora, y gozan de estas bendiciones. Sin embargo, para poder crecer de gracia en gracia, e ir de victoria en victoria, ahora requieren de una nueva obra de Dios en sus vidas. A esta obra Wesley la denomina *gracia santificadora*.

En cuanto al pecado que está presente en los cristianos, Wesley sostiene que ahora ya no es un hábito, no es una costumbre, sino más bien una expresión esporádica y aislada. Ya se ha explicado que en el nuevo nacimiento los creyentes son transformados y reciben una nueva naturaleza para iniciar una nueva vida. Sin embargo, incluso después de esta transformación es evidente que los creyentes pecan y en ocasiones caen. Por lo tanto, Wesley se pregunta: «¿Existe el pecado en quien está en Cristo? ¿Permanece el pecado en quien cree en él? ¿Hay algún pecado en los que son nacidos de Dios o son totalmente liberados de él?»[2] Y su respuesta es afirmativa. Sus estudios, su experiencia y su relación pastoral ministrando a otros cristianos lo confirma. «No sé hasta qué punto se haya discutido en la iglesia primitiva. En realidad no había lugar para discutirlo, pues todos estaban de acuerdo (en que el pecado existía en la vida del creyente). Y yo lo he observado».[3] Además, no sólo la iglesia primitiva afirma este punto, sino también

> la Iglesia Griega y Romana ... cada iglesia reformada en Europa, de cualquier denominación. Inclusive algunas de ellas se van al extremo describiendo la corrupción del corazón del creyente de tal manera que no pueden dominarlo sino que, por el contrario, los creyentes están sujetos a él. Con lo cual casi borran la diferencia entre el creyente y el no creyente.[4]

Wesley concluye afirmando lo siguiente:

> Luego, por ningún motivo puedo yo aceptar la declaración que dice «no hay pecado en un creyente desde el momento que es justificado». En primer lugar, porque es contraria a todo el tenor de la Biblia. En segundo lugar, porque es contraria a la experiencia de los hijos de Dios. En tercer lugar, porque es absolutamente nueva. Nunca se había oído esto, hasta hace poco. Y, en último lugar, porque tiene consecuencias fatales, no solamente contristando a quienes Dios no desea contristar, sino tal vez arrastrándoles a la perdición eterna.[5]

¿Cómo podemos entonces conciliar la salvación de que Wesley habla (y explica con la analogía del nuevo nacimiento) y la evidencia empírica del pecado «ocasional» en la vida del creyente? De acuerdo con la Biblia, Wesley afirma que quien ha nacido de Dios no comete pecado, y que el corazón del creyente está purificado por la fe y tiene el poder de dominar el pecado interior y exterior. También está convencido de que aun en los creyentes la carne —la naturaleza pecaminosa— lucha contra del Espíritu de Dios, que opera para salvación en ellos. Incluso en los creyentes, en quienes han nacido de nuevo, hay una guerra interior entre la voluntad humana natural y la de Dios. Para explicar esto, Wesley acude a lo que Pablo escribió a los creyentes en la carta a los Gálatas 5:17: «El deseo de la carne es contra el Espíritu y el del Espíritu es contra la carne, y estos se oponen entre sí»; y lo que dice la primera carta a los Corintios 3:1, 3: «Yo, hermanos, no pude hablaros como a espirituales, sino como a carnales, como a niños en Cristo… porque aún sois carnales. En efecto, habiendo entre vosotros celos, contiendas… ¿no sois carnales…?»

Obviamente, para nosotros, esto parece una contradicción, pero no lo es para Wesley. Una vez más Wesley acude a Pablo para explicar esta aparente contradicción:

> Ciertamente este punto tan importante, que en los creyentes existen estos principios contrarios, es decir, la naturaleza y la gracia; la carne y el espíritu, se encuentra en todas las epístolas de Pablo y en toda la Escritura. Casi todas las instrucciones y exhortaciones que se encuentran en ellas están fundadas sobre esta suposición, señalando las malas inclinaciones o prácticas de quienes, a pesar de todo, son reconocidos por los escritores sagrados como creyentes. Y constantemente se les exhorta a luchar y vencer el mal, por medio del poder de la fe.[6]

Es por eso que podemos decir que el creyente que ha nacido de nuevo no peca de una manera habitual, sino que desea agradar a Dios de todo corazón y le quiere servir en agradecimiento por lo que ha hecho en su vida. Sin embargo, al mismo tiempo, esta nueva vida está llena de sorpresas. En esta nueva vida el creyente no está exento de tentaciones, ni de cometer pecados de omisión y por ignorancia. Por lo tanto, tal como Wesley lo argumenta y el Nuevo Testamento lo confirma, el creyente nacido de nuevo peca, no de una manera permanente, no de una manera frecuente, no con una intención maliciosa ni premeditada; pero peca, así que el pecado sigue siendo una realidad en la vida del creyente. Precisamente por esta razón, y basado en esta unión de fuerzas opuestas y contradictorias en la vida del creyente, es que Wesley provee una solución: la gracia santificadora.

La gracia santificadora es la gracia que asiste al creyente para que siga creciendo en Cristo, le da las herramientas para que cada día continúe la lucha en contra de la naturaleza pecaminosa, para que cada día refleje más y más la imagen de Dios, para que cada día busque amar de la misma manera en que Dios ama, y para que cada día tome más y más control sobre el pecado que todavía permanece en su vida. Obviamente la obra de la gracia santificadora es diferente a la de la gracia justificadora. Al explicar esta diferencia, Wesley también clarifica la función de la gracia santificadora en la vida del creyente. Nos dice que:

> El nuevo nacimiento no es lo mismo que la santificación. Por cierto que esto muchos lo dan por sentado, especialmente un eminente escritor en su último tratado sobre «Naturaleza y fundamentos de la regeneración cristiana». Para omitir varias otras objeciones de peso que se pueden hacer a dicho tratado, esta es una bien palpable: en toda su extensión habla de la regeneración como una obra progresiva llevada a cabo en el alma, gradual y lentamente, desde el momento en que por primera vez nos volvemos a Dios. Esto es una verdad innegable en cuanto a la santificación; pero en cuanto a la regeneración, al nuevo nacimiento, no es verdad. Este es parte de la santificación, no toda; es el portón de entrada a ella. Cuando nacemos de nuevo comienza nuestra santificación, nuestra santidad interior y exterior. Y desde entonces en adelante gradualmente hemos de crecer en todo en aquel que es nuestra cabeza. Esta expresión del apóstol ilustra admirablemente la diferencia entre una y otra, y apunta aun más allá a la analogía exacta que hay entre las cosas naturales y espirituales. Un niño nace de mujer en un momento o, por lo menos, en un tiempo muy corto. Luego crece gradual y lentamente hasta que alcanza la estatura de una persona adulta. Del mismo modo, un hijo de Dios nace como tal en un tiempo breve, si no en un momento. Pero luego crece gradual y lentamente hasta *la medida de la estatura de la plenitud de Cristo*. La misma relación, pues, que hay entre nuestro nacimiento natural y nuestro crecimiento la hay también entre nuestro nuevo nacimiento y nuestra santificación.[7]

Para afirmar este asunto, Wesley apela y presenta diferentes ejemplos de personajes bíblicos que avalan su explicación. Entre ellos, Wesley menciona al rey David, que cometió pecados deliberados y terribles, incluyendo adulterio y asesinato; a Bernabé que por sus discusiones y diferencias con el apóstol Pablo cayó en pecado; a Pedro, que pecó al apartarse de los cristianos gentiles de Antioquía, aunque Dios le había mostrado que a nadie debía llamar común o inmundo. Estos hombres, que obviamente habían aceptado el perdón de Dios, que habían recibido la salvación (quizás con excepción de David, puesto que vivió mucho antes que Cristo), y que servían a Dios en el ministerio, de todas maneras pecaron en diferentes ocasiones y por diferentes razones. Esto nos indica que en verdad gozaban de los privilegios y bendiciones que Dios otorga, pero que también sostenían batallas internas, que tenían sentimientos y afectos que claramente se oponían a la voluntad de Dios. Este tipo de lucha no es otra cosa que una manifestación del crecimiento gradual del cristiano. Al encontrar situaciones nuevas y desafiantes, al encontrar tentaciones y dificultades, es que se madura en la fe. Se espera que el cristiano obtenga la victoria, pero la realidad es que en algunas confrontaciones pierde la batalla. Precisamente para ello entra en acción la gracia santificadora, para dar la ayuda y fortaleza que los creyentes necesitan para alcanzar la estatura de Cristo. Wesley concluye:

> Pero ¿puede Cristo morar en el mismo corazón donde hay pecado? Indudablemente que sí; de otra manera la persona no pudiera ser salva. Donde está la enfermedad, allí está el médico, continuando su obra interna luchando por erradicar el pecado. Cristo ciertamente no puede *reinar* donde el pecado *reina*, ni tampoco puede *morar* donde todo pecado se *permite*. Pero él *reina y mora* en el corazón de cada creyente que lucha en contra del pecado aunque *no esté purificado según los ritos de purificación del santuario*.[8]

Wesley creía en una segunda transformación, en una segunda obra de Dios en la vida del creyente, en una «segunda gracia» que actúa en la vida del creyente y que lo habilita para obtener la victoria en contra del pecado que se presenta en su vida de manera ocasional. Wesley se refiere a esta segunda transformación, al proceso por el cual la gracia santificadora capacita al creyente para derrotar al pecado, como «la perfección cristiana» que a continuación exploraremos a fondo.

B. *La perfección cristiana: Las respuestas de Wesley a quienes le criticaban*

Lo que escribió Wesley a este respecto es precisamente lo que define su identidad teológica y la de los metodistas, sus seguidores. La teología de la perfección cristiana es una singular explicación e interpretación bíblica de parte de Wesley, pues nunca antes alguien había expuesto esta doctrina con el énfasis y la convicción que él mostró. Basado en su interpretación de las Escrituras y de la vida cristiana, y debido a su afán por explicar y desarrollar a fondo el significado de la perfección cristiana, Wesley usa más de cuarenta expresiones, frases y palabras diferentes para proveer una idea general sobre ella. Entre estas las más comunes tenemos: entera santificación, santidad bíblica, segunda obra de gracia, perfecto amor, santidad de corazón, santidad completa.

Quizás la variedad de estas frases y las diferentes formas de explicar la perfección cristiana reflejen la dificultad de esta tarea. Sin embargo, lo importante y esencial para entender la jornada del creyente es que para Wesley había algo más después de que los cristianos habían nacido de nuevo, después que han sido justificados y han recibido la salvación. Para Wesley la justificación libra al creyente de la culpa del pecado; mientras que la gracia santificadora libra los creyentes del poder del pecado y les ayuda a que lleguen a ser cristianos perfectos.

Este concepto de Wesley fue muy diferente de lo que pensaban los teólogos prominentes del cristianismo protestante. Ya hemos mencionado a uno de ellos, Juan Calvino, y las diferencias que existían entre ellos con respecto a la doctrina de la predestinación. En cuanto a la santidad, la perfección cristiana, Wesley también tiene ciertas diferencias de interpretación con Calvino y Lutero. Ambos teólogos sostenían que la regeneración del creyente, el proceso después de la justificación, es algo que continúa a lo largo de la vida y que nunca llega a su completa realización sino hasta el momento de la muerte del creyente cuando ve cara a cara al Creador. Para Wesley, por el contrario, el creyente puede y debe alcanzar este estado durante su vida, *antes* de la muerte. Wesley está convencido de que si el cristiano tiene el mismo Espíritu que Cristo tenía, si tiene la mente de Cristo (que se puede obtener pidiéndola a Dios), si tiene en su vida el mismo poder de Dios que actuó en Cristo, entonces, sin lugar a dudas, tiene la capacidad y la posibilidad de vivir como Cristo vivió: en santidad.

Wesley creía en la posibilidad y la realidad de la perfección cristiana porque para él era una doctrina evidente en las Escrituras y porque la había visto y confirmado en su experiencia pastoral. Wesley cita las siguientes expresiones bíblicas como prueba y testimonio en favor de la perfección cristiana:

- Sed, pues, vosotros perfectos, como vuestro Padre que está en los cielos es perfecto (Mateo 5:48).
- Si confesamos nuestros pecados, él es fiel y justo para perdonar nuestros pecados y limpiarnos de toda maldad (1 Juan 1:9).
- La sangre de Jesucristo, su Hijo, nos limpia de todo pecado (1 Juan 1:7).
- Todo aquel que es nacido de Dios no practica el pecado... y no puede pecar, porque es nacido de Dios (1 Juan 3:9).

La idea y posibilidad de la perfección cristiana fue algo que Wesley ya había contemplado incluso antes de su experiencia en Aldersgate. Por ejemplo, en su sermón titulado «La circuncisión del corazón», que predicó en la capilla de Oxford el primero de enero de 1733, Wesley ya hablaba de la perfección cristiana de la siguiente manera:

Debo, primeramente, investigar en qué consiste esa circuncisión del corazón que ha de recibir la alabanza de Dios. En general, podemos observar que es la disposición habitual del alma que en las Sagradas Escrituras es llamada «santidad», y que implica ser limpio de pecado, de toda contaminación de carne y espíritu, y por consecuencia, estar dotado de aquellas virtudes que estuvieron también en Cristo Jesús; ser renovados en el espíritu de nuestra mente hasta ser perfectos, como nuestro Padre que está en los cielos es perfecto... Si quieres ser perfecto, añade a todo esto caridad y amor y tendrás la circuncisión del corazón. *El cumplimiento de la ley es el amor, el propósito de este mandamiento es el amor.* Cosas excelentes se dicen del amor: es la esencia, el espíritu, la fuente de toda virtud. No solamente es el primero y más grande mandamiento, sino el resumen de todos los mandamientos. Todo lo que es justo, todo lo puro, todo lo amable u honorable, si hay virtud alguna, si alguna alabanza, todo se comprende en esta palabra: amor. En esto consiste la perfección, la gloria, la felicidad.[9]

En este sermón Wesley deja por sentado que la base de la perfección cristiana es el amor, el amor a Dios y el amor al prójimo. Por supuesto que a través de los años esta concepción de Wesley fue desarrollada ampliamente y con más detalles. Pero, como hemos visto, desde un principio el fundamento de la perfección cristiana fue el amor. Que los cristianos podían y debían ser perfeccionados en amor y, por lo tanto, vivir una vida libre del poder del pecado, fue la convicción que levantó una serie de críticas y acusaciones a las que Wesley da respuesta a través de diferentes documentos, tratados y sermones. A continuación presentamos un resumen de esto, primordialmente basado en algo que tituló *Un estudio acerca de la perfección cristiana.*

> ¿Qué significa ser santificado? Ser renovado en la imagen de Dios en la justicia y santidad de la verdad. ¿Qué significa ser un cristiano perfecto? Amar al Señor con todo el corazón, con toda el alma, con todas las fuerzas. ¿Significa esto que todo nuestro pecado interior está eliminado? Sin duda. De otro modo no podría decir que Dios nos guarda de todas nuestras impurezas. ¿Cuándo comienza la santificación interior? En el preciso momento en el que la persona es justificada. (A pesar de lo cual, sigue habiendo pecado en ella; hasta que la persona sea santificada por completo, permanece en ella la raíz que origina el pecado). A partir de ese momento, gradualmente el creyente va muriendo al pecado y creciendo en gracia. ¿Es común que esto no se otorgue hasta muy poco tiempo antes de la muerte? No, no es así para quienes esperan recibirlo antes. ¿Es posible recibirlo antes? ¿Por qué no? Si bien admitimos que (1) la mayoría de los creyentes que hemos conocido hasta hoy no alcanzaron esa santificación hasta poco antes de su muerte; (2) muy pocos de aquellos a quienes Pablo dirigió sus cartas la habían alcanzado en el momento de recibirlas, y (3) ni siquiera él mismo la había logrado en el momento de escribir sus primeras cartas. Sin embargo, esto no prueba que nosotros no podamos alcanzar esta santificación hoy mismo.[10]

> ¿Creen que esta perfección excluye toda posibilidad de debilidad, ignorancia y error? Permanentemente afirmo lo contrario, y siempre lo he hecho. Pero ¿cómo es posible que todos los pensamientos, palabras y acciones estén guiados por el amor, y que al mismo tiempo, la persona esté sujeta a la ignorancia y al error? No veo ninguna contradicción en este punto. Una persona puede estar

llena del más puro amor, y aun así tener la posibilidad de equivocarse. Por cierto, no espero ser librado de cometer errores hasta que esto mortal se haya vestido de una inmortalidad. Creo que el error es consecuencia lógica de que nuestra alma habite en un cuerpo de carne y sangre. No podemos pensar sino a través de los órganos de nuestro cuerpo, los cuales han sido sometidos al mismo sufrimiento que el resto de nuestra estructura.[11]

¿Es posible que alguien reciba testimonio del Espíritu de que nunca caerá en pecado? No sabemos lo que Dios pueda conceder a determinadas personas en particular, pero no se encuentra ninguna afirmación de carácter general en la Escritura que nos permita inferir que una persona no puede retroceder nuevamente al pecado. Si alguna condición humana hubiera podido garantizar la imposibilidad de volver al pecado, tal sería el caso de los santificados, de aquellos que son padres en Cristo, están siempre gozosos, oran sin cesar y dan gracias en todo. Pero aun éstos pueden retroceder al pecado; incluso los que han sido santificados pueden caer nuevamente y perecer... ¿Es posible que quienes ya son perfectos continúen creciendo en gracia? No hay duda de que es así, y no sólo mientras posean este cuerpo terrenal, sino por toda la eternidad. ¿Es posible que se aparten de ella? Tengo la plena convicción de que es así; los hechos demuestran que esto es verdad más allá de toda discusión... ¿Se puede recuperar el estado de gracia después de haberlo perdido? ¿Por qué no? Conocemos muchos ejemplos de personas en esta situación. Más aun, es muy común que las personas lo pierdan más de una vez antes de alcanzarlo de manera definitiva.[12]

Puesto que Wesley está defendiendo su posición, la mayoría de sus respuestas anteriores son una descripción de lo que *no* es y lo que *no* incluye la perfección cristiana. Siguiendo las respuestas que Wesley da a quienes argumentan que la perfección cristiana es una idea falsa, contraria a las Escrituras y a la vida cristiana, podemos concluir que la perfección cristiana no significa: 1) un estado libre de pecado (perfección sin pecado), 2) libre de errores, 3) libre de limitaciones.

En primer lugar, una persona que ha sido santificada y que vive en perfección cristiana no peca *voluntariamente*; es decir, no viola ni quebranta alguna ley divina conocida, intencionalmente. Esta persona vive en santidad y en amor sin quebrantar voluntaria o premeditadamente los mandamientos y estatutos de Dios. Sin embargo, peca, viola y quebranta, *ocasional e involuntariamente* los mandamientos, estatutos y la ley de Dios, a veces por ignorancia, otras por descuido y otras por obedecer a sus inclinaciones naturales. Esta persona no planea pecar, no planea ser desobediente y, sin embargo, lo hace. Este tipo de pecados no tiene el mismo valor. Es cierto que no dejan de ser pecados, pero un pecado premeditado no es lo mismo que un pecado por ignorancia. Por lo tanto, una persona que vive en perfección cristiana no peca voluntariamente, pero sí está en la posibilidad de pecar involuntariamente.

Que una persona viva en santidad y perfección cristiana no quiere decir que esté libre de errores humanos. La buena voluntad y los buenos deseos —aunque tienen un lugar en el corazón del creyente por la gracia de Dios— están sujetos a su cuerpo. El cuerpo humano, desde la caída y hasta este momento, no es perfecto, ya que debido al pecado y la naturaleza pecaminosa se deteriora día con día. Por lo tanto, hay movimientos, palabras, pensamientos y acciones que están contaminados y en constante deterioro, y que en varias ocasiones su producto son errores que lastiman y causan sufrimiento a otras personas, a la creación o a nosotros mismos. Así pues, un cristiano perfecto no deja de ser humano, no deja de vivir en un cuerpo corrupto y en constante deterioro, y en ocasiones con su cuerpo y mente cometen errores que para otros son tenidos por pecados.

Quizás un ejemplo nos ayudaría a entender lo que Wesley trata de explicar. En cualquier deporte, aun con las mejores intenciones de jugar limpia y sanamente, y de respetar al equipo contrario y seguir las reglas del juego, hay ocasiones en que, sin mala intención, algún miembro del equipo opuesto resulta lastimado. ¿Fue algo intencional? ¡No! ¿Fue premeditado? ¡No! ¿Fue con la intención orgullosa de ganar? ¡No! Simplemente fue un error de cálculo, un error sin intención que lamentablemente causó el sufrimiento, y quizás la derrota del equipo opuesto, pero que nunca se hizo con ese propósito.

Finalmente, y de la misma manera que en el punto anterior, en muchas ocasiones la persona que vive en santidad y perfecto amor desea expresar la bondad y el amor de Dios a otros, pero sus limitaciones físicas, de tiempo y espacio se lo impiden. La perfección cristiana se describe como amor perfecto, es amar como Dios ama.

Pero, mientras que Dios es omnipresente y puede demostrar su amor a todas las personas en todas partes, los cristianos, puesto que están limitados por su condición humana, sólo pueden demostrar amor en cierto lugar y a ciertas personas. Por lo tanto, en muchas ocasiones quieren amar, quieren demostrar bondad y hacer lo bueno, reflejando el carácter de Dios, pero les es imposible por las limitaciones propias del cuerpo humano.

Una vez que hemos visto cómo Wesley se defiende y responde a quienes lo acusan y critican dando respuestas claras y bíblicas sobre lo que no es la perfección cristiana, y después de haber explicado las implicaciones y limitaciones de la perfección cristiana, ahora es tiempo de explorar lo que sí es la perfección cristiana, lo que incluye e implica de una manera positiva.

C. La perfección cristiana: Implicaciones en la vida del creyente

Como ya hemos dicho antes, Wesley utilizó diferentes y variadas expresiones para explicar su concepto de la perfección cristiana. Ahora nos toca abordar los aspectos particulares de ésta y sus implicaciones prácticas para la vida cristiana. Los elementos que a continuación vamos a estudiar obviamente no son los únicos, pero son los que consideramos de vital importancia para nuestro continuo crecimiento en la gracia de Dios hasta que lleguemos a la estatura de Cristo. Por lo tanto, los siguientes siete elementos, que están basados en diferentes tratados, sermones y escritos de Wesley, captan la esencia de su forma de pensar y de su carácter pastoral al ministrar a sus seguidores, a sus predicadores laicos y aun a sus detractores. Estos elementos son: 1) Amor de Dios (imitadores de Dios); 2) Amar a Dios con todo nuestro ser; 3) Amor por el prójimo; 4) Ser un administrador (mayordomo) fiel; 5) Vivir una vida que refleje el entendimiento de la gracia universal de Dios; 6) Las buenas obras; 7) La restauración de la imagen de Dios.

1) *Amor de Dios (imitadores de Dios) y Cristo*. Wesley utiliza Mateo 5:43-48 y Efesios 5:1-2 para desarrollar este concepto:.

Oísteis que fue dicho: 'Amarás a tu prójimo y odiarás a tu enemigo'. Pero yo os digo: Amad a vuestros enemigos, bendecid a los
que os maldicen, haced bien a los que os odian y orad por los que
os ultrajan y os persiguen, para que seáis hijos de vuestro Padre
que está en los cielos, que hace salir su sol sobre malos y buenos
y llover sobre justos e injustos. Si amáis a los que os aman, ¿qué
recompensa tendréis? ¿No hacen también lo mismo los publica-
nos? Y si saludáis a vuestros hermanos solamente, ¿qué hacéis de
más? ¿No hacen también así los gentiles? Sed, pues, vosotros perfectos, como vuestro Padre que está en los cielos es perfecto.

Sed, pues, imitadores de Dios como hijos amados. Y andad en
amor, como también Cristo nos amó y se entregó a sí mismo por
nosotros, ofrenda y sacrificio a Dios en olor fragante.

Como ya lo hemos dicho, el fundamento de la perfección cristiana es el amor, y la razón de este fundamento es que Dios es amor,
que Cristo vivió una vida y un ministerio de amor. El amor a quienes viven en perfección cristiana y al que todos los creyentes son
llamados, es a reflejar la esencia del carácter divino. Por esto, al
practicar acciones de amor para con Dios y los demás, los creyentes están proclamando que desde la eternidad Dios es amor, que el
amor que ahora tienen procede de Dios, que Dios es la fuente de
toda buena dádiva, que Dios nos amó primero, y que Dios nos ha
mostrado el verdadero significado del amor. Por ello Wesley afirma
que, desde la perspectiva teológica, la esencia de la santidad en el
creyente, al igual que la esencia del carácter santo de Dios, es el
amor.

Es importante notar que ser imitadores de Dios se refiere a imitar el carácter de Dios, y no a deseos orgullosos y egocéntricos,
como los que estaban en Satanás que «quería ser como Dios» para
gozar (y abusar) de los privilegios y poderes de Dios. Obviamente,
este «ser como Dios» sólo busca gozar de los privilegios sin considerar el resto del carácter de Dios. De hecho, niega el carácter de
Dios, puesto que el amor de Dios no es egoísta, ni solamente busca
lo suyo, sino que ama de una manera desinteresada. Wesley tampoco piensa que los creyentes deban imaginar que el ser imitadores de Dios les exija ser como Dios en sus atributos naturales,
puesto que la naturaleza humana y la divina son radicalmente diferentes. Sin embargo, y con respecto a los atributos morales, Wesley

espera que los creyentes los reflejen más y más en sus vidas, pero primordialmente que reflejen el amor de Dios. Una vez que se han establecido las razones por las cuales el fundamento de la perfección cristiana es el amor, debemos buscar formas prácticas de vivir y reflejar este fundamento.

2) *Amar a Dios con todo nuestro ser.* La base bíblica para este elemento de la perfección cristiana son dos pasajes muy conocidos: Deuteronomio 6:5 y Mateo 22:37. Prácticamente ambos son idénticos: «Amarás a Jehová, tu Dios, de todo tu corazón, de toda tu alma y con todas tus fuerzas». Esto nos lleva a preguntar, ¿por qué debemos amar a Dios? Antes de contestar esta pregunta, podemos empezar a entender este asunto preguntando, en un plano más humano, «¿Por qué esperamos que nuestra esposa o esposo nos amen? ¿Por qué esperamos que nuestros hijos, de cualquier edad, nos demuestren su amor con honra y obediencia? ¿Por qué esperamos que nuestros amigos y amigas estén cerca de nosotros en momentos de crisis, y así mostrarnos su amor?» Al reflexionar en estas relaciones y los motivos por los que estas personas nos demuestran su amor, podremos ir vislumbrando el motivo por el cual tenemos el mandamiento de amar a Dios como una parte integral de la perfección cristiana.

Por ser una buena analogía, usemos el ejemplo de los padres e hijos, ya que ésta refleja la relación tan similar que existe entre el creyente y Dios. Quizás una de las tareas más difíciles es la de educar a los hijos, por eso hay tantos métodos y teorías que intentan asegurar que tendremos éxito en esta difícil tarea. Sin embargo, en muchas ocasiones los hijos reflejan lo que ven en casa diariamente: el vocabulario, cómo tratar a las otras personas al observar cómo lo hacen el padre y la madre, y también cómo se deben relacionar con las leyes y autoridades. Así que cuando los hijos llegan a la adolescencia o juventud, muchos padres y madres esperan ver a una persona seria y responsable. Pero si en casa esos valores no estuvieron presentes, entonces esa familia termina con un hijo o hija desobediente y problemático. Esto nos lleva a preguntar, ¿por qué esperamos que nuestros hijos o hijas nos obedezcan? ¿Acaso por temor a ser castigados, por temor a perder sus privilegios, porque constantemente están vigilados y guiados en cada segundo de su vida? ¿Acaso esperamos que sean obedientes simplemente porque esa es la esencia de la relación, porque los hijos están sujetos a los padres, o quizás porque la responsabilidad de los padres es proveer para los hijos y la de los hijos es obedecer? Hasta cierto punto todas estas razones son válidas. Pero la obediencia por amor las sobrepasa.

La obediencia por amor surge cuando los hijos experimentan un amor incondicional, un amor que no solamente ha sido expresado o explicado verbalmente, sino encarnado en la vida diaria, cuando lo ven de una manera tangible tanto en las relaciones familiares como con la gente que les rodea, cuando aprecian los sacrificios que los padres hacen por ellos (no para «pagar» después lo que han recibido, sino por un genuino amor desinteresado). Si esto es así, entonces en la mayoría de los casos (puesto que ya hemos explicado la libertad del ser humano y su naturaleza pecaminosa) los hijos responderán con afecto y obediencia.

De la misma manera sucede en la perfección cristiana. Dios quiere que le amemos no por temor, no porque sea nuestro proveedor, no porque sea Dios y así lo exija. Dios quiere que le amemos porque a través de toda la historia y desde la eternidad Dios es amor. ¿Por qué creó Dios a los seres humanos? ¿Por qué tuvo misericordia de ellos después de la caída? ¿Por qué Dios escogió a Israel como su pueblo? ¿Por qué Dios envió a su Hijo a la tierra? ¿Por qué murió Cristo por nosotros? Indiscutiblemente todo fue por amor. Y porque el amor de Dios es perfecto, como muestra de nuestra gratitud y en reciprocidad al amor que hemos recibido, es entonces que le obedecemos viviendo una vida santa y perfecta, para darle honra y gloria a Dios.

3) *Amor por el prójimo.* El tercer elemento está basado en los dos anteriores. De hecho, constituye la expresión externa y comunitaria de ambos. Los pasajes bíblicos que sirven de referencia son la parábola del buen samaritano (Lucas 10) y Romanos 13:8, que dice: «No debáis a nadie nada, sino el amaros unos a otros, pues el que ama al prójimo ha cumplido la Ley». Estos dos pasajes, particularmente la parábola del buen samaritano, reflejan la expresión práctica del amor que existe en el creyente santificado. Dios, que es amor, quiere que le amemos en los dos puntos anteriores. Pero la perfección cristiana no termina allí. Si así fuera, nuestra relación con Dios sería unilateral, privada, exclusiva, aislada de los demás. Si así lo hubiera entendido Wesley, las clases, las bandas y las sociedades metodistas hubieran sido inútiles, reuniones sin sentido y una pérdida de tiempo. Pero como para Wesley la perfección cristiana incluía el amor al prójimo, ahí los metodistas tuvieron la oportunidad no sólo de testificar de lo que Dios había hecho en su vida personal, sino también de desarrollar relaciones interpersonales con la gente que estaba a su lado, especialmente con personas radicalmente diferentes (como el caso de la parábola donde un samaritano y un judío se encuentran).

Precisamente a través de nuestras relaciones humanas es que Dios quiere que demostremos nuestra santidad. Si Dios nos amó incluso cuando nosotros merecíamos la muerte, entonces es precisamente a la gente rechazada por la sociedad a quien Dios quiere que nosotros amemos. Para Wesley, la santidad cristiana en aislamiento, sin relación con la gente que nos rodea, sin relación con el huérfano, con la viuda, con los encarcelados, con los pobres, no es santidad. La santidad —la perfección cristiana— se demuestra en nuestro amor desinteresado y genuino por el prójimo.

4) *Ser un administrador (mayordomo) fiel.* La referencia bíblica la encontramos en el conocido pasaje de Mateo 25, y primordialmente en las porciones de la «parábola de los talentos» y «el juicio de las naciones». En el primero, se nos describe cómo cada persona recibe una cantidad diferente de talentos y luego cómo cada uno de ellos rinde cuentas por el manejo que hicieron de ellos, o por su mayordomía. Y nos damos cuenta de que quienes trabajaron recibieron una bendición, pero quienes por temor no los usaron fueron condenados.

En el segundo pasaje todas las naciones se encuentran delante de Dios para ser juzgadas, y el veredicto se basa en la forma en que trataron al prójimo, a las personas en necesidad. Aun más, el Rey mismo se identifica con estas personas y proclama que cualquier cosa hecha en favor de los necesitados, también fue hecha a él. Tanto el juicio a las naciones como la parábola de los talentos nos muestran que todos tuvieron la oportunidad de servir, que cada persona tenía recursos disponibles para ser utilizados. Es cierto que algunos los usaron para servir a los demás, y también es cierto que otros prefirieron ignorar a las personas necesitadas. Con esto nos damos cuenta de que la responsabilidad de la mayordomía cristiana no es una opción, sino más bien algo requerido de cada ser humano. Cada persona es administrador de los bienes que Dios otorga y, por lo tanto, la perfección cristiana requiere que se usen los dones y talentos para honra y gloria de Dios y en servicio a los demás.

Uno de los principios de la mayordomía cristiana, como expresión práctica de la perfección cristiana, es la responsabilidad que tenemos de proveer para las necesidades de los demás y de dar cuenta a Dios de los recursos que nos ha encomendado. En su sermón titulado *El buen mayordomo*,[13] Wesley nos recuerda que somos responsables, delante de Dios, de nuestra alma, de nuestros cuerpos, de nuestros talentos y de nuestras posesiones materiales. Así que al final de nuestra existencia daremos cuenta a Dios por cada uno de ellos. Al mismo tiempo, Wesley incluye otras categorías dentro de cada uno de estos aspectos de nuestra existencia. De aquí que una mayordomía que refleje la perfección cristiana, responderá positivamente a Dios a las siguientes preguntas al estar cara a cara con el Señor:

Con respecto a los dones que se encuentran en nuestra alma Wesley menciona el conocimiento, la imaginación, la memoria y la voluntad. Por lo tanto, Dios preguntará: ¿Cómo utilizaste la capacidad de aprender? ¿Buscaste prepararte para ayudar a otros o simplemente para buscar fama y gloria para ti mismo? ¿Usaste la imaginación para buscar formas creativas de predicar el evangelio?

Respecto a nuestros cuerpos, somos responsables por los sentidos, la fuerza física y la salud (mantener en buen estado nuestro cuerpo, o mejor dicho el cuerpo que Dios nos ha dado). Por lo tanto, un cristiano que vive la perfección cristiana será quien duerme el tiempo necesario, come con moderación, hace ejercicio con regularidad para mantener un cuerpo saludable y alaba a Dios con todos sus sentidos. En nuestros talentos encontramos las habilidades naturales, esas aptitudes innatas dadas por Dios, y el peligro que enfrentaremos será utilizarlas para la fama y el prestigio personal. Sin embargo, el cristiano que sigue la perfección cristiana usa todas estas cosas para alabar a Dios y servir el prójimo. Finalmente, un buen administrador de los bienes materiales es el que «gana todo lo que puede, ahorra todo lo que puede y da todo lo que puede». Después de haber provisto para las necesidades básicas de su familia, deberá utilizar el resto para beneficio de los pobres, ya que Dios los ha designado a ellos para que reciban esta ayuda. Wesley dudaría que una persona que no lo hiciera así haya experimentado la gracia santificadora, porque estuvo convencido de que la perfección cristiana no puede existir separada de una buena administración de todos los talentos que Dios ha otorgado.

5) *Vivir una vida que refleje el entendimiento de la gracia universal de Dios.* Una de las referencias utilizadas para demostrar este punto es uno de los versículos bíblicos más populares: Juan 3:16. Con él Wesley enfatiza marcadamente que Dios amó a *todo* el mundo, «para que *todo* aquel que en él cree no se pierda». Este énfasis se debe a que Wesley cree, como ya se ha explicado en los capítulos anteriores, que la gracia y la oferta de salvación de Dios es universal. Esto significa que todas las personas, sin importar su situación social, moral, o espiritual, pueden ser salvas.

Las implicaciones de esta forma de entender la salvación y la gracia divina son cruciales para el desarrollo de una vida cristiana en perfección. Si creemos que la gracia de Dios está obrando en cada ser humano, entonces cada persona debe ser tratada con respeto y dignidad, puesto que Cristo murió por cada una de ellas. Dios no las ha rechazado, y si Dios las ama tal como son y ve potencial en ellas, entonces ¿quiénes somos nosotros para decir que no tienen perdón de Dios? ¿Quiénes somos nosotros para juzgarlas y decir que no tienen remedio? Si Dios las ama y les extiende la invitación a su reino, de igual manera un creyente que continúa en la gracia santificadora es aquel que incluye a los excluidos, invita a su mesa a los que son rechazados y sirve a todos. Wesley asegura con su estilo de vida que la perfección cristiana está intrínsecamente ligada a la manera en que nos relacionamos con la gente que nos rodea, particularmente con quienes se encuentran al margen de la sociedad.

6) *Las buenas obras.* Este elemento es un tanto controversial, porque la tradición católica era prominente en la época de Wesley y enfatizaba las buenas obras como un medio para obtener la salvación. El pasaje central para afirmar la importancia de las buenas obras lo encontramos en Efesios 2:8-10: «Porque por gracia sois salvos por medio de la fe; y esto no de vosotros, pues es don de Dios. No por obras, para que nadie se gloríe, pues somos hechura suya, creados en Cristo Jesús para buenas obras, las cuales Dios preparó de antemano para que anduviéramos en ellas». Así pues, para Wesley, las buenas obras son producto de la justificación. Al ser justificado, el creyente es motivado y alentado a realizar buenas obras que reflejen el cambio operado en su vida. Wesley dice:

> Empero el cristiano no se satisface solamente con abstenerse del mal. Su alma está sedienta de hacer el bien. La palabra continua

en su corazón es: *Mi Padre hasta ahora trabaja, y yo trabajo.* Mi Señor anduvo haciendo el bien; ¿y no voy yo a seguir sus pisadas? Así que según tiene oportunidad, si no puede hacer bienes mayores, alimenta a los hambrientos, viste a los desnudos, protege a los huérfanos y a los extranjeros, visita y ayuda a quienes están enfermos o en prisión. Reparte todos sus bienes para dar de comer a los pobres. Se regocija en trabajar y sufrir por ellos; y en cualquier circunstancia en que pueda ser de beneficio para otra persona, está especialmente dispuesto a negarse a sí mismo. No existe para el cristiano nada tan valioso que no esté dispuesto a sacrificar por ayudar a los pobres, recordando la palabra del Señor: *En cuanto lo hicisteis a uno de estos mis hermanos más pequeños, a mí lo hicisteis.*[14]

Esta cita confirma lo que se ha venido mostrando sobre la perfección cristiana y su relación con la gente pobre y los marginados. También se puede observar que las buenas obras van dirigidas a favor de los demás, a prestar ayuda, y como una expresión de negación a nosotros mismos.

Si recordamos que Wesley ha establecido que el origen del pecado es el egoísmo y el egocentrismo, entonces, las buenas obras como producto de la justificación son una forma de expresar que «ya no vivo yo, mas vive Cristo en mí». Es decir, que lo que hago, no lo hago para mí, sino que lo hago por amor a Dios y al prójimo. Wesley clasifica las buenas obras en dos tipos: las de piedad y las de misericordia.[15] El siguiente cuadro comparativo nos será útil para ver la distribución y organización de estas categorías.

Obras de Piedad	*Obras de Misericordia*
Enfocadas a la vida privada	*Enfocadas a la vida social*
La oración	Hacer el bien
El estudio de las Escrituras	Visitar a los enfermos y encarcelados
El Sacramento de la comunión	Vestir y alimentar a los necesitados

El ayuno	El uso generoso de nuestros bienes
Comunidad cristiana: culto de adoración	Oposición a la esclavitud
Vida saludable	Servir a la comunidad

Ambos tipos de buenas obras son igualmente importantes, y son medios de gracia que nos ayudan a crecer en la santidad. Sin embargo, cuando hay que decidir entre uno de ellos, cuando hay algún momento de crisis o de debilidad, y las circunstancias o nuestro estado de ánimo requieren que prescindamos de una de estas expresiones, Wesley recomienda que:

> … el creyente debe mostrar su entusiasmo por las obras de pie-
> dad; pero mucho más por las obras de misericordia; viendo que
> Dios quiere misericordia y no sacrificio, esto es en lugar de sacri-
> ficio. Por lo tanto, cuando unas interfieren con las otras, las obras
> de misericordia deben ser preferidas. Aun la lectura y el escuchar
> las Escrituras, y la oración deben de ser omitidas o pospuestas al
> llamado poderoso de la caridad cuando somos llamados para ali-
> viar la desesperación de nuestro prójimo, ya sea en cuerpo o
> alma.[16]

Contrario a la imagen que muchos tienen ahora, e incluso en la misma época de Wesley, un creyente que vive en santidad y que busca la perfección cristiana es quien lo demuestra con sus buenas obras, particular y esencialmente con las obras de misericordia, como el mismo Wesley lo indica.

7) La restauración de la imagen de Dios. Este es el último ele-mento que vamos a considerar como una forma práctica de vivir la perfección cristiana de acuerdo con Wesley. Como ya lo hemos dicho, la expresión más clara de la perfección —tanto humana como de la creación— la encontramos en los relatos de la creación, pero particularmente en Génesis 1:26-27. Y decimos en particular, porque ahí es donde Dios afirma que su imagen se ha impreso en los seres humanos porque fueron creados a su imagen y semejanza.

Por lo tanto, toda la creación, antes de la caída, vivía en un estado perfecto de armonía y paz. Pero, también como ya se ha explicado, esta perfección fue destruida.

Así que la pregunta verdadera es: ¿podrán los creyentes recobrar la imagen de Dios y su perfección como existía antes de la caída? Wesley diría que no es posible. En particular porque los cuerpos de los seres humanos antes de la caída no estaban corrompidos, y los nuestros sí lo están. Aunque es imposible para los creyentes alcanzar una restauración completa de la imagen de Dios en sus vidas, sí es posible buscar la restauración gradual de la imagen de Dios, sobre todo en nuestra relación con Dios y con el prójimo. Es de esta manera que creceremos en amor, creceremos en santidad, y cada día reflejaremos más y más el carácter de Dios en nuestro diario vivir.

Esta restauración gradual de la imagen de Dios como parte de la perfección cristiana también nos ayuda a entender que cuando Wesley habla de la perfección cristiana, no habla de un momento o estado en la vida del creyente. Para Wesley la perfección cristiana no es algo que se obtiene, no es un lugar al que se llega, no es un punto final, sino más bien es un punto que progresa. En la restauración de la imagen de Dios en la vida del creyente siempre hay lugar para seguir creciendo. Es decir, mientras el creyente tenga vida, siempre habrá áreas en las cuales podrá crecer más y reflejar con más intensidad la imagen de Dios.

Esto, sin embargo, no significa que Wesley haya bajado sus expectativas. Wesley sostiene que el creyente que vive la perfección cristiana es capaz de vivir una vida libre de pecado. Lo que sí quiere decir es que el proceso culmina con la glorificación, al momento de nuestra muerte, en el cual nos encontramos cara a cara con el Señor. Aquí termina la jornada espiritual que inicia con la iniciativa de Dios y culmina cuando estamos en su presencia.

D. *La perfección cristiana: Implicaciones sociales*

La doctrina de la perfección cristiana, o santidad, es quizás el elemento que distingue al pueblo wesleyano como tal. Wesley afirma:

> La doctrina fundamental del pueblo llamado metodista es, quien-
> quiera que sea salvo, antes que cualquier cosa, es necesario que la
> persona tenga fe, fe verdadera. La fe que obra por amor, la cual,
> por medio del amor de Dios y el amor al prójimo produce un
> cambio en el interior, tanto como en el exterior.[17]

Para Wesley la doctrina de la perfección cristiana constituía la
esencia del movimiento metodista porque consideraba el aspecto
interior tanto como el exterior; es decir, los elementos sociales y
personales del evangelio. Es así que Wesley une aspectos que tradicionalmente se encontraban separados. Así que el aspecto personal de la perfección cristiana es solamente una parte y no la
totalidad de ella. La perfección cristiana no sólo consiste en expresiones de paz personal y transformación individual interior; también consiste en la paz social y la transformación de la sociedad y
sus estructuras.

Para Wesley los aspectos sociales de la perfección cristiana son
inseparables e igualmente importantes que los personales. Por lo
tanto, no se puede hablar de santidad y perfección cristiana únicamente en términos personales; también hay que notar y enfatizar
las implicaciones sociales de la perfección cristiana como parte
esencial e integral de la vida del creyente. A pesar de esta enseñanza de Wesley, algunos de sus seguidores y otros teólogos de su
época —igual que lo hacen muchas denominaciones y líderes religiosos en la actualidad— ponían un mayor énfasis en el aspecto
personal de la perfección cristiana y dejaban en un segundo término sus implicaciones sociales. Wesley respondió a este tipo de
interpretaciones de la siguiente manera:

> No hay en esto [religión en soledad]. «Santos solitarios» es una
> frase que tiene tanta consistencia con el evangelio como decir
> «santos adúlteros». El evangelio de Cristo nos da a conocer una
> religión social, y ninguna otra; no otra santidad, sino la santidad
> social. «La fe obrando por amor» que es la longitud, anchura, pro-
> fundidad y estatura de la perfección cristiana.[18]

Y luego añade:

> Se debe admitir, que así como el amor de Dios naturalmente
> dirige a las obras de misericordia, de la misma manera nos lleva
> a alimentar al hambriento, vestir al desnudo, visitar al enfermo y

al encarcelado, ser ojos para los ciegos, pies para los cojos, esposo para la viuda y padre para el huérfano.[19]

De esta manera Wesley muestra que su «religión» no puede ser concebida en el aislamiento, sino en comunidad; que no puede ser practicada de una manera privada, sino que debe ser pública; que el amor de Dios en nuestros corazones no sólo es una experiencia individual, sino que tiene implicaciones sociales. Fue precisamente debido a esta manera de pensar y creer que Wesley tomó parte activa en la promoción de reformas sociales, y que trató de combatir problemas como la esclavitud y la falta de educación. Además de estos dos problemas mencionados, su análisis de la escasez de alimentos, aunado a su entendimiento de la pobreza y riqueza, son otras expresiones tangibles de las implicaciones sociales de la perfección cristiana.

Como ya lo hemos mencionado, Wesley dedicó una gran parte de su vida y ministerio a viajar por el Reino Unido, y fue así que se dio cuenta de las condiciones sociales en las que se encontraba una gran parte de las familias inglesas y particularmente de la escasez de alimentos que sufrían. Sus observaciones, su análisis y sus propuestas fueron publicados en 1773, en un panfleto titulado *Reflexiones sobre la presente escasez de comestibles*. En este panfleto Wesley inicia sus argumentos, preguntándose: «¿Por qué la gente tiene hambre y no hay suficientes alimentos? ¿Por qué existe este tipo de necesidades sociales en nuestra nación?» De inmediato Wesley enumera sus respuestas: Desempleo, escasez de alimentos, precios altos de ciertos productos básicos. Pero no sólo las nombra, sino que también presenta un análisis social donde no sólo identifica el problema, sino que busca la raíz del mal. Así, afirma que la escasez de alimentos es un problema social serio y que los precios altos se deben a que los granos (trigo y avena) son utilizados para alimentar caballos y para producir licor.

Siguiendo con su análisis, Wesley concluye que el lujo y los excesos de la clase alta son las razones principales de la mala utilización de los campos y, por lo tanto, de la hambruna. En lugar de utilizar la tierra para producir alimentos, en lugar de proveer avena a la gente que muere de hambre, en lugar de procesar granos para consumo humano, los ricos, en su búsqueda por satisfacer sus lujos y excesos, utilizan los cereales para producir licor para su consumo en eventos sociales, para embriagar a la gente pobre y para enriquecerse con su comercialización. Además, la avena y el maíz también eran usados para alimentar un gran número de caballos que eran utilizados para jalar carruajes que sólo requerían de dos caballos, pero que eran tirados por seis u ocho solamente para ostentación de los dueños. Por supuesto, los caballos requerían de pastizales para su cuidado, esto reducía granjas y tierra que pudieran ser utilizadas para plantar árboles frutales, verduras y granos que podían proveer los alimentos básicos a la gente hambrienta de Inglaterra.

Después de este análisis, Wesley responde a sus preguntas: Hay hambre y escasez en el Reino porque la gente rica vive con lujos excesivos y no sienten responsabilidad ni tienen consideración por la gente pobre. Siguiendo su análisis, Wesley propone la prohibición del consumo, venta y compra de todo tipo de bebidas alcohólicas, y esta propuesta se convirtió en un requisito para todos los miembros de las sociedades. Se realizó como un boicot en contra de los productores de licor para evitar que la gente desperdiciara su dinero en este nefasto vicio. Es importante notar que la prohibición del consumo de alcohol no nació de una preocupación moral o bíblica, sino que fue un producto de su análisis social y una forma de solucionar la escasez de alimentos.

Con respecto a los caballos, Wesley propone que el gobierno imponga «impuestos sobre el lujo» por la importación y propiedad excesiva de caballos. Y Wesley también apela a los ricos y los invita a vivir una vida frugal, una vida que refleje una buena administración de los recursos materiales, que en realidad pertenecen a Dios, y a que sigan su ejemplo. Desde su juventud, Wesley decidió que para subsistir en la vida sólo necesitaba cierta cantidad de dinero y desde entonces hasta el final de su vida se limitó a tal ingreso y el resto lo donó para el servicio y el bienestar de los pobres. Con su estilo de vida y su convicción acerca de los bienes materiales, Wesley presenta una crítica de la riqueza y el uso que se hace de ella. De esta manera desafía a la sociedad británica en general, pero primordialmente a los miembros de la clase privilegiada.

Desde sus años en Oxford, Wesley tuvo una preocupación especial por el bienestar de los pobres y por eso, a través de sus años de ministerio, desarrolló una visión bíblica sobre las riquezas materiales. En esta visión podemos ver que la santidad, la perfección cristiana, es mucho más que una práctica personal y privada. En su visión Wesley habla de los beneficios sociales que recibe la nación en general cuando las riquezas son utilizadas siguiendo los principios bíblicos de mayordomía y atención al pobre. Sin embargo, antes de explorar el bienestar social que una buena administración de las riquezas acarrea, Wesley define lo que significa ser rico: «Quienquiera que tenga suficiente alimento para comer y ropa para ponerse, junto con un lugar donde reclinar su cabeza, es rico.»[20] Así nos dice que quienquiera que tenga lo necesario para vivir, quienquiera que pueda proveer para sus necesidades básicas y tenga algo extra para ahorrar, es propiamente una persona rica materialmente, aunque no necesariamente rica en el sentido espiritual.

Wesley explica[21] que una persona pobre en el sentido espiritual es quien tiene bienes materiales para compartir, pero que en lugar de usarlos para el bienestar de los demás los utiliza de una manera egoísta. Para Wesley este tipo de pobreza pone en tela de duda la fe cristiana y la salvación, ya que la actitud egoísta y la avaricia van totalmente en contra del llamado de Dios a la generosidad y la bondad. Para Wesley no sólo hay personas que sufren de pobreza espiritual, sino también hay muchas personas que sufren de pobreza material, personas que no tienen los recursos para satisfacer sus necesidades básicas de supervivencia. Para Wesley, que la gente no tenga lo necesario para vivir es una expresión del pecado y la maldad en el mundo, ya que por la avaricia y el egoísmo de los ricos los pobres no pueden satisfacer sus necesidades más básicas.

Basado en esto, por una parte Wesley ve una conexión directa entre el lujo, la riqueza, los placeres mundanos, el exceso de bienes materiales y la pobreza y la escasez de alimentos por la otra. Con esto Wesley no está condenando a los ricos sencillamente porque tienen riquezas, y tampoco está afirmando que la riqueza sea mala en sí misma. Incluso afirma que la riqueza no es buena o mala en sí misma. Es el uso de ella lo que la califica y le da valor moral. Es así que, al evaluarla, Wesley concluye que la riqueza que no es compartida con los necesitados es doblemente destructiva. En primer lugar destruye a la gente pobre, porque no le permite satisfacer sus necesidades más básicas. En segundo lugar, destruye a los ricos porque sus corazones —llenos de avaricia— los llevarán a la destrucción final de su alma y cuerpo. Además, Wesley afirma que la riqueza no compartida crea un sentido de superioridad en quienes la poseen, y pronto llegan a creer que los pobres no tienen valor y pueden ser maltratados y hasta vistos como «humanos desechables», como es el caso de los esclavos y la indiferencia ante quienes mueren de hambre.

Obviamente esta aberrante forma de pensar, y sus nefastas consecuencias, va en contra de los principios cristianos, y para Wesley representa un serio enemigo y peligro para la vida cristiana santa a la cual hemos sido llamados por Dios. De hecho, basado en sus observaciones pastorales, Wesley afirma que hay una relación directa entre el aumento de ganancias materiales y la disminución de la gracia de Dios. Es decir que obtener más ganancias materiales, riqueza y lujos, es proporcional a menguar en la gracia de Dios, hasta el punto de alejarse totalmente de Dios y de su amor.

Para enfrentar al enemigo llamado riqueza, Wesley sugiere que cada persona debe distribuir sus riquezas de una manera voluntaria y como una expresión tangible de que el amor de Dios mora en ellos. Es decir, cualquier persona que haya recibido el amor de Dios entiende que este amor no es egocéntrico, sino que se niega a sí mismo, siguiendo el ejemplo de Jesucristo. La aplicación de esta negación de sí mismo a la vida económica, indica que los creyentes deben «sacrificar» sus lujos y riquezas por el bienestar del prójimo y de la sociedad en general.

Además, para ayudar a los creyentes a obtener la victoria sobre los peligros de las riquezas, y para procurar el bienestar social de la nación, Wesley sugiere una fórmula económica: «Gana todo lo que puedas, ahorra todo lo que puedas y da todo lo que puedas». Con «ganar todo lo que se pueda», Wesley se refiere al trabajo honesto, al desempeño honrado de nuestro trabajo, al ejercicio de nuestros dones y talentos en labores que den gloria a Dios. Este trabajo diario debe ser visto como una forma de agradar a Dios y, por lo tanto, no debe ser la prioridad de nuestra vida, y mucho menos ocupar el lugar que le corresponde a Dios. Además, el trabajo debe ejercerse con moderación, es decir, siempre prestando atención a las necesidades propias, durmiendo y descansando adecuadamente; y a las de la familia, utilizando momentos de recreación y compañerismo con sus miembros. También se debe procurar que el trabajo que desarrollamos no lastime ni cause daños al prójimo, y a los pobres en particular.

Al dar estas recomendaciones, Wesley está limitando y delineando los parámetros que determinan si un trabajo es bueno o no, y si en la búsqueda de ganar lo más que se pueda el trabajo se ajusta a lo que se requiere del creyente. Como podemos observar, el trabajo diario y el sustento material no son actividades personales y privadas. Algo tan simple como el trabajo tiene serias implicaciones sociales y, por lo tanto, el creyente debe expresar su fe cristiana y su santidad siendo consciente de las implicaciones sociales que su labor cotidiana tiene.

Cuando se refiere a «ahorrar todo lo posible», Wesley también tiene ciertos parámetros en mente. Ahorrar no debe ser una práctica que tenga como único motivo el acumular riquezas, ni procurar lujos o excesos materiales. Wesley sugiere que el ahorro del creyente debe de ser una práctica que refleje el amor de Dios y la vida santa. Por lo tanto, los creyentes deben —si pueden— ahorrar recursos materiales para proveer para la educación y sustento de sus familias, para crear negocios que ayuden al bienestar de los pobres en su comunidad, para mejorar las condiciones sociales de su comunidad, creando más empleos y promoviendo la inversión de recursos materiales. Todo esto sin olvidar que el ahorro refleja una buena mayordomía de los recursos que Dios nos ha permitido administrar. Así que en el ahorro, al igual que en el trabajo, para obtener los recursos se debe dar gloria a Dios.

Una vez que Wesley ha explicado lo que quiere decir con «ganar y ahorrar todo lo que su pueda», nos damos cuenta que esta no es una práctica que sigue el principio capitalista de tener sin límite, ni promueve una obsesión por los bienes materiales. En particular porque con su siguiente principio de «dar todo lo que se pueda» procede a explicar la generosidad cristiana señalando la importancia de compartir los bienes.

De hecho, para Wesley el creyente *no da* de sus bienes, sino que sólo los *distribuye*. Puesto que los bienes materiales que los creyentes poseen en realidad no les pertenecen a ellos sino a Dios, entonces, compartir no es desprenderse de un bien propio, sino más bien es un acto de *redistribución* siguiendo los principios bíblicos de la mayordomía cristiana. Una vez que los creyentes entienden que los bienes materiales no les pertenecen, entonces deben iniciar la tarea de la distribución y administración de estos recursos. Wesley propone las siguientes sugerencias para realizar esta tarea. Al compartir o distribuir los bienes materiales que Dios nos ha dado, los creyentes deben ser:

> Generosos
> siempre buscando el beneficio de la comunidad,
> compartir por amor no por imposición,
> ni pensando que al compartir se estará recibiendo un beneficio personal.

Este último punto es importante, porque en la época de Wesley —como en la actual— muchos creyentes sienten la necesidad de ayudar al necesitado, pero su motivación es obtener una satisfacción personal. Es decir, buscan su propio bienestar al ayudar a los demás, en lugar de buscar el bienestar de las demás personas de una manera desinteresada.

Los ejemplos del análisis de la escasez de alimentos y del uso de las riquezas son una evidencia de las implicaciones sociales de la perfección cristiana. Ambos nos muestran que se debe servir a la gente pobre no sólo ofreciéndoles ayuda y esperanza espirituales, sino también buscando la manera de aliviar los males sociales a los cuales están sujetos. En su búsqueda, y como es evidente en esta sección, Wesley nos muestra la visión de una perfección cristiana con la que se puede vislumbrar una sociedad transformada donde se distribuye la riqueza, los alimentos y donde se satisfacen las necesidades de los pobres.

Como nos hemos podido dar cuenta, las observaciones y las reflexiones teológicas de Wesley tienen gran pertinencia para nosotros en la actualidad. Por lo tanto, el siguiente capítulo mostrará algunas formas en que estas reflexiones de Wesley tienen su aplicación en el contexto en que nos ha tocado vivir.

NOTAS

[1] *Diccionario de la Lengua Española, Vigésima segunda edición*, Real Academia Española.
[2] *Obras de Wesley*, Tomo I, Sermones I, p. 245.
[3] Ibid.
[4] Ibid., p. 246.
[5] *Obras de Wesley*, Tomo I, Sermones I, pp. 253-254.
[6] *Obras de Wesley*, Tomo I, Sermones I, p. 250.
[7] Ibid., Tomo III, Sermones III, pp. 138-139.
[8] Ibid., Tomo I, Sermones I, p. 252.

[9] Ibid., pp. 345, 351-352.

[10] Ibid., Tomo VIII, Tratados Teológicos, pp. 71-72.

[11] Ibid., p. 82.

[12] Ibid., pp. 128, 135.

[13] *Obras de Wesley*, Tomo III, Sermones III, pp. 239-260.

[14] Ibid., Tomo I, Sermones I, p. 79-80.

[15] *Works of John Wesley*, Vol. III, p. 385.

[16] Ibid., Vol. VII, p. 61 (mi traducción).

[17] Ibid., Vol. III, p. 24 (mi traducción).

[18] Ibid., Vol. XIV, p. 321 (mi traducción).

[19] Ibid., Vol. VI, p. 500 (mi traducción).

[20] *Obras de Wesley*, Tomo IV, Sermones IV, p. 131.

[21] Estas explicaciones y análisis se encuentran en cinco de los sermones de Wesley: *El uso del dinero, El buen mayordomo, El peligro de las riquezas, Acerca de las riquezas*, y *El peligro de incrementar las riquezas*.

CAPÍTULO 10
La pertinencia de Wesley para el pueblo hispano en los Estados Unidos y Latinoamérica

A. *Una breve descripción de las condiciones sociales del pueblo hispano en los Estados Unidos*

En el primer capítulo de este libro presentamos un análisis de las condiciones en que se encontraba la Inglaterra del siglo XVIII, y en las que Juan Wesley vivió y ministró. Al final de este estudio, después de ver la importancia que tuvo el contexto social para la vida ministerial de Wesley (un ejemplo claro es el gran interés que tuvo en favor de la gente pobre), ahora debemos iniciar este último segmento con un análisis similar para entender las condiciones en las que nos ha tocado servir y ministrar, como herederos de la tradición wesleyana.

De acuerdo con las estadísticas oficiales, los hispanos en Estados Unidos constituyen un 12.5 por ciento de la población general. Esto los convierte en el primer grupo minoritario en este país. Además, somos uno de los grupos con mayor crecimiento, y se estima que para el año 2025 en Texas, California y Florida los hispanos serán el grupo étnico mayoritario. Sin embargo, pese a su clara presencia y su crecimiento demográfico, el crecimiento económico no ha sido igual para este grupo. Mientras que por un lado el grupo étnico anglo/sajón ha aumentado en salario y capacidad adquisitiva, el 30 por ciento de la población hispana vive por debajo de los límites de pobreza establecidos por el gobierno de los Estados Unidos.

De hecho, este porcentaje es el más alto de entre todos los grupos étnicos del país. El salario medio anual de una persona hispana en los Estados Unidos es de $26,179 dólares, el más bajo de entre todos los grupos étnicos. De quienes han sido clasificados como viviendo en pobreza extrema —con un salario anual de $7,500 dólares anuales o menos para una familia de cuatro— también el 25 por ciento son hispanos. Así que no es ninguna sorpresa que el 41 por ciento de los niños y jóvenes hispanos hayan crecido en un ambiente de pobreza. Quizás por la misma razón los hispanos se han convertido en el grupo étnico que más ha crecido de entre las personas encarceladas. Los hispanos también forman el grupo étnico más grande de quienes no terminan su escuela superior (high school). De entre los trabajadores agrícolas y de quienes proveen servicios domésticos, los hispanos son los que tienen los salarios más bajos de todos los grupos.

Por otro lado, el 55.8 por ciento de la población hispana ha nacido en los Estados Unidos, y un gran número se ha convertido en ciudadano de este país. Sin embargo, los hispanos son una minoría y prácticamente pasan inadvertidos entre los representantes de la Cámara y el Senado. Lo mismo sucede en niveles estatales. Por ejemplo, en los estados de Texas, California, Nueva York y Florida —donde radica el 69 por ciento del total de la población hispana en los Estados Unidos— hay muy pocos representantes estatales y servidores públicos que se identifiquen como hispanos y que representen los intereses de nuestra gente. Además, pocas personas y agencias, tanto religiosas como seculares, se han dado cuenta de que los Estados Unidos es el quinto país en el mundo que tiene mayor cantidad de personas que hablan español, superado sólo por México, Argentina, España, y Colombia.

Ante esta realidad social en la que vive diariamente nuestro pueblo, «nuestra familia», y después de haber estudiado la vida y la teología de Juan Wesley y su ferviente deseo de servir a la gente pobre y desprotegida, ¿cuál será nuestra reacción? ¿Qué acciones deberíamos tomar? Además, si en realidad nos identificamos como cristianos wesleyanos y miembros de la tradición de la santidad, entonces no tenemos razón válida que nos excuse para dejar de servir y trabajar a favor del pueblo hispano en los Estados Unidos. Por eso, a continuación presentaré conexiones y afinidades entre estas tradiciones y realidades esperando que sean utilizadas para desarrollar mejor nuestros ministerios siendo fieles a nuestra tradición teológica y cultural.

B. *Los hispanos en los Estados Unidos y Wesley: Amistad recíproca*

Juan Wesley y sus seguidores frecuentemente fueron llamados «amigos de la gente común».[1] Sin embargo, esta expresión ya no se escucha con regularidad al referirse a las comunidades o iglesias cristianas actuales (quizás con excepción de algunos grupos pentecostales). Lamentablemente, parece ser que la mayoría de las iglesias de nuestra época se preocupan más por la cantidad de miembros y por tener grandes presupuestos, que por establecer una relación personal con la gente común. Muy pocas veces las congregaciones que tienen la tradición de santidad wesleyana como parte de su identidad —particularmente si son homogéneas— tienen el deseo de establecer nexos amistosos con grupos étnicos diferentes y con la gente común; y cuando lo hacen, aunque sea por un tiempo breve, la relación tiende a ser unilateral y paternal. Este tipo de relación no puede ser considerada amistad, sino más bien es una relación de conveniencia que tiene fines egoístas y de ninguna manera reflejan la santidad cristiana que fue tan importante para Wesley. ¿Qué ha sucedido con estas congregaciones, que se consideran parte de la tradición de santidad wesleyana pero cuyas prácticas no lo reflejan? ¿Qué sucedería si estas congregaciones tomaran con seriedad las doctrinas de Wesley y las aplicaran a su vida diaria?

Una simple observación y una sencilla entrevista con las personas encargadas de misiones o de coordinar proyectos para plantar nuevas iglesias pronto revelaría que la tendencia de los últimos años es plantar nuevas iglesias en lugares *estratégicos*. Pero, ¿hay algo malo en esa práctica? Inclusive, algunos argumentan que el mismo Wesley utilizó este método (no para plantar iglesias, algo que no hizo debido a su lealtad a la Iglesia Anglicana) al iniciar sociedades metodistas. Hasta cierto punto este razonamiento es válido. Sin embargo, la gran diferencia entre la práctica de Wesley y la tendencia reciente, es que la mayoría de las corrientes modernas de evangelización y para plantar nuevas iglesias siempre inician con un análisis social, demográfico y económico de los lugares y comunidades en donde se desea tener esas nuevas congregaciones y se establecen donde es más próspero o prometedor, en vez de buscar acercarse a la gente que en realidad necesita la predicación de un evangelio transformador.

Aunque Wesley no contó con los beneficios de los estudios sociológicos ni la tecnología actual para implementar su ministerio, algo que siempre incluía en su «estrategia» de evangelización y de «plantar sociedades» era buscar e ir a la gente pobre. Ya hemos dado varios ejemplos de este tipo de dedicación a través de todo el libro, como la predicación al aire libre, la forma de organizar las sociedades, las clases y las bandas, su análisis de la escasez de alimentos y la importancia de las obras de misericordia. Todas estas actividades, sin lugar a duda, nos muestran que la «estrategia de Wesley» consistía en incluir a los pobres en su ministerio. Y esto no sólo como algo más en una larga lista de actividades a realizar, sino con el deseo sincero de establecer una relación amistosa y recíproca. En claro contraste, los estudios sociológicos que las denominaciones conducen, y por los que pagan cientos y miles de dólares, reflejan una «estrategia» con la que buscan precisamente lo contrario. Es decir, están en clara oposición a lo que Wesley buscaba con tanto amor y dedicación: los pobres, los necesitados del evangelio. En la actualidad las iglesias buscan zonas y lugares donde los habitantes sean de clase media y/o alta; o buscan suburbios principalmente habitados por profesionistas; o comunidades clasificadas, organizadas e identificadas por códigos postales y salarios promedio para evitar «confusión», pero también para «separar» a la audiencia deseada. Una vez que se ha identificado una comunidad así, la denominación u organización invierte grandes cantidades de dinero para asegurar una buena «esquina» en la comunidad y comprarla o alquilar un lugar para iniciar los servicios religiosos. Más adelante, el propio estudio sociológico y demográfico dará luz a las características específicas de estas comunidades: promedio de edad, educación y prácticas típicas de las familias representativas, que pronto determinarán el estilo de culto de adoración, los programas que la iglesia ha de ofrecer, el número de reuniones por semana y la mejor hora de celebrar los cultos. Esto no es del todo malo. El problema es que en este largo y costoso proceso en ninguna parte se ven la dedicación y el servicio que había en Wesley en favor de los pobres y que es esencial en su teología. Así pues, la ausencia de esta práctica, que era esencial para Wesley, y los efectos negativos de la actitud y estrategia actuales pronto se dejan ver, y lo que Wesley trataba de prevenir, ahora ocurre diariamente y de una manera natural; es decir, la congregación desarrolla una actitud egoísta y construye un cristianismo que de muchas maneras glorifica la «igualdad de los iguales» y niega, desprecia y evita la pluralidad.

A pesar de esto, creo que la gran mayoría de quienes están involucrados en este tipo de organización, en verdad no conocen la teología de Wesley a fondo y mucho menos las expresiones prácticas que de ahí surgen para el trabajo con los más necesitados del evangelio. Por lo tanto tengo la esperanza de que este libro haya provisto las herramientas y las bases teológicas para que quienes lo lean puedan compartir y dar a conocer la teología de Wesley y sus implicaciones prácticas a quienes estén encargados de los ministerios de evangelización y apertura de nuevas iglesias.

Hay varias formas en que los hispanos pueden beneficiarse de la teología de Juan Wesley y, a la vez, desarrollar un tipo de ministerio que presente una alternativa y dé un ejemplo actual similar a lo que hizo Wesley en el siglo XVIII. En particular porque las condiciones del pueblo en tiempos de Wesley, y las condiciones actuales de nuestro pueblo en los Estados Unidos, hasta cierto punto son similares. Esto nos puede ayudar a ver las respuestas que la teología wesleyana puede presentar al abordar la situación actual de la comunidad hispana que vive en los Estados Unidos. Además, proveerá sugerencias que se pueden implementar en nuestras congregaciones y, quizás, en congregaciones a las cuales tengamos acceso limitado. En cuanto a esto último, puede ser que a través de otras personas podamos compartir y ayudarles a reflejar su identidad con más claridad y fidelidad. Cada uno de los puntos que provienen de la teología y vida de Wesley, ya han sido tratados y explorados en los capítulos previos, por lo cual no les dedicaremos más espacio aquí, pero sí señalaremos y explicaremos las posibles afinidades entre Wesley y el pueblo hispano. El orden de estos asuntos no es por importancia jerárquica ni cronológica. Simplemente es el resultado de mi propia organización y la necesidad de asignar un número a cada uno de ellos.

1) *Teología pastoral concreta: siempre prestando atención a la gente común.* A pesar de que Juan Wesley fue muy bien educado intelectualmente, que estudió en las mejores escuelas de su época, y de que obtuvo una maestría, sus sermones y sus escritos reflejan su claro deseo de usar un vocabulario sencillo. A pesar de que dominaba varios idiomas y que leía la Biblia en sus idiomas originales, Wesley no presumía su talento políglota, y tampoco demandó que sus seguidores, particularmente los predicadores laicos, obtuvieran la misma educación que él tuvo, sino que más bien buscó la manera de capacitarlos a través de otros medios. Además, sus escritos no son tratados de teología sistemática, organizados a la manera de *Las Instituciones* de Juan Calvino, sino reflexiones teológicas que emanan de su vida diaria y su cuidado pastoral.

Antes de continuar con este punto quiero dejar claro que no estoy sugiriendo que para Wesley la educación formal carezca de importancia en el ministerio cristiano, o que Wesley estaba en contra de ella. Al contrario. Por ejemplo, aunque por un tiempo tuvo un gran afecto por los teólogos místicos, después de examinarlos bien, los rechazó. En particular porque, dice, «Hay muchos, especialmente los que estiman llamarse 'teólogos místicos' [y que hoy llamaríamos 'carismáticos'], que descartan totalmente el uso de la razón, así entendida, en la religión, repudiando todo razonamiento en cuanto a las cosas de Dios, como algo totalmente destructivo de la verdadera religión.»[2] Lo que pretendo es enfatizar la importancia que para Wesley tuvieron las relaciones humanas y la amistad con la gente común que también es una forma de educación y herramienta para la reflexión teológica integral.

Wesley, que contaba con una sólida educación formal, de ninguna manera se consideró superior a los demás. Al contrario, en repetidas ocasiones afirmaba que la vida cristiana estaba incompleta si no se tenía un contacto y relación personal directa con la «gente común», es decir, con la gente que no tenía una educación formal. Esto es particularmente importante porque invita a, y abre la posibilidad de que muchas de las pastoras y pastores laicos que sirven en diferentes capacidades y en diferentes ministerios sean reconocidos y aceptados como parte integral de las organizaciones en que sirven. Muchas organizaciones presumen que su administración y forma de gobierno está basada y brota de la teología wesleyana y la tradición de santidad, sin embargo, le niegan la participación a estas personas alegando que su falta de educación formal es la que les impide participar en la toma de decisiones dentro de la organización.

Quizás estas organizaciones deberían abrir los ojos a las maneras creativas e innovadoras que Wesley utilizó para capacitar e incluir a predicadores laicos, hombres y mujeres (es decir, a la «gente común») dentro de las filas del metodismo. Aunque es cierto que Wesley solamente permitía que los ministros anglicanos impartieran los sacramentos, los predicadores laicos eran parte integral de la organización. A pesar de sus prejuicios iniciales, y una vez que el movimiento metodista había arrancado y conforme cobraba impulso, de manera pastoral y a través de relaciones de amistad recíprocas, Wesley buscó y capacitó a líderes de entre la gente común. De esta manera, a través de esas predicadoras y predicadores laicos el evangelio fue predicado con palabras y con hechos. Con palabras, usando las del evangelio. Con hechos, atendiendo a las necesidades e incluyendo en amor a la gente común. Cuando estas dos acciones se unen, las diferencias son vistas como oportunidades de crecimiento tanto para la gente común como para la educada, y no como obstáculos que separan y llevan a la creación de leyes que hacen oficial esta separación. Por todo esto, y muchas cosas más, podemos decir que Wesley es amigo de la gente común, y del pueblo hispano, ya que su deseo primordial fue servir a Dios predicando el evangelio en diferentes formas y capacidades, pero siempre tratando de alcanzar al más necesitado.

Los hombres y mujeres comunes que habían dado evidencia de su vocación ministerial —no con credenciales ni títulos académicos, sino por el testimonio de personas que habían encontrado ayuda y salvación a través de ellos— siempre eran bien recibidas en el movimiento iniciado por Wesley. Esperemos que hoy las organizaciones que se identifican como wesleyanas y de santidad sigan ese ejemplo y sigan los pasos de su fundador, y que sus pastores laicos y todo el pueblo común sean vistos como parte esencial y fundamental de cada organización.

2) *Integración de la vida diaria y la teología.* Que Wesley no se dedicara a escribir tratados de teología sistemática no fue una falla, sino un reflejo vivo de su convicción de que la teología siempre debe ser pastoral y debe fluir de las relaciones humanas, y no crearse de manera aislada. La amplia educación de Wesley lo había convencido de que todos los campos de estudio, incluyendo los seculares (medicina, ciencia, literatura, etc.), estaban al servicio y disposición de la teología pastoral. Es decir, para Wesley todo estudio, toda relación, todo momento de la vida era una oportunidad para aplicar al servicio de la comunidad los conocimientos adquiridos y, al servir a Dios sirviendo al prójimo, aprender más de Dios. Cada una de estas oportunidades da oportunidad para la «integración» teológica. Incluso podemos decir que su respuesta pastoral a estas oportunidades tuvo un papel prominente y dominante durante toda su vida, y esto fue lo que lo distinguió de los teólogos de su generación y de muchos que lo precedieron.

Cuando Wesley integra la teología con la vida diaria, cambia el enfoque de la teología. En lugar de buscar conocimientos abstractos y aislados, Wesley afirma que la teología debe estar al servicio de la gente común y debe ser relevante para su diario vivir. Por esto, el pensamiento y estilo de vida de Wesley representan una oportunidad para elaborar una teología de la vida y el ministerio basada en conocimientos tradicionales y experiencias de la vida diaria. Ejemplos de esto son los estudios bíblicos que su madre Susana ofrecía en la cocina de la casa pastoral, y en los que enseñaba, como lo hizo con sus hijos, las verdades de la tradición cristiana pero en un lenguaje sencillo y en un lugar donde la gente común se sentía bien recibida. De la misma manera, las «sociedades», «clases», y «bandas» que Wesley formó y que fueron cruciales para el movimiento metodista, son ejemplares. Los integrantes de estos grupos se dedicaban a estudiar las Escrituras, reflexionaban sobre su contenido, pero siempre buscando cómo aplicarlas al contexto cotidiano y su situación particular.

A pesar de la importancia que esto tiene para la teología de Wesley, no quiero dar la impresión que las experiencias de la vida diaria fueron el factor determinante en la formulación de la teología de Wesley. Muy firmemente debemos asegurar que la Biblia es el fundamento sobre el que Wesley elaboró su teología. Para Wesley, sin embargo, la interpretación bíblica sin una aplicación práctica a la vida diaria está incompleta. De hecho, él mismo es un claro ejemplo de esto. Sin lugar a duda Wesley entendía el significado teológico de la salvación y lo explicó a otras personas en diferentes ocasiones; pero no fue hasta que lo experimentó, hasta que lo vivió, que lo entendió en plenitud.

Esto debe ser de aliento para el pueblo hispano, ya que confirma la importancia de lo que la Dra. Ada María Isasi-Díaz llama «lo cotidiano». Es decir, lo importante es hacer y tener una teología y ética que también fluyan de las experiencias diarias de supervivencia, de la lucha en contra de la injusticia, de la búsqueda para entender a Dios en medio del sufrimiento. Estas situaciones predominan entre el pueblo hispano y, por tanto, las palabras de Juan Wesley son semillas que pueden caer en terreno fértil y dar mucho fruto. Así pues, podemos decir que Wesley coloca la teología al servicio de la práctica ministerial y pastoral, y no al contrario. Si la teología (abstracta y aislada) tuviera prioridad sobre la práctica ministerial, entonces el parámetro que determinaría la efectividad de una persona en el ministerio no sería su servicio al prójimo, ni su capacidad para desarrollar amistad con personas de diferentes culturas y condiciones sociales, sino su capacidad de articular apropiadamente la teología abstracta. Cualquier persona que haya asistido a una iglesia hispana sabe que generalmente los testimonios son una parte esencial de los cultos. Es cierto que estos testimonios relatan experiencias y eventos de la vida cotidiana, pero también nos revelan cómo se aplican las enseñanzas esenciales de la iglesia a esos eventos afirmando que Dios interviene y actúa en ellos de manera concreta y específica.

3) *La unión de ortodoxia y ortopraxis.* En uno de sus tratados acerca de la perfección cristiana Wesley dice que:

> Los puntos principales en los cuales he insistido son cuatro: Primero, que la ortodoxia, o las opiniones correctas, en su mejor expresión constituyen una diminuta parte de la religión, esto si es que se le permite que sea parte de ella; ya que la religión no consiste en prohibiciones, ni en exclusiones, de ningún tipo, en hacer el bien, ni en usar los medios de gracia, ni en las obras de piedad (llamadas de caridad) hechas por caridad, sino que no es otra cosa más que la mente de Cristo; la imagen de Dios impresa en el corazón; justicia interna aunada con la paz de Dios, y gozo del Espíritu Santo.[3]

Es necesario decir que, para Wesley, la *ortodoxia*, las doctrinas que han sido preservadas por la tradición y confirmadas por la iglesia, son muy útiles y todo creyente debería tener conocimiento de ellas. Fue por esa razón Wesley desarrolló la *Biblioteca cristiana*, una colección de escritos clásicos que exponían diferentes aspectos de la doctrina y testimonio cristiano, para educar a los creyentes y mostrar su importancia para una vida cristiana sólida. Sin embargo, la ortodoxia nunca debería estar separada de la *ortopraxis*, es decir, la forma correcta de *vivir* la vida cristiana. Para Wesley ambas son importantes y nunca deben de ser separadas. Por ejemplo, en el caso de la perfección cristiana, Wesley está consciente que hay limitaciones y que la perfección cristiana no significa una vida sin pecado, errores y limitaciones; sino que más bien significa un equilibrio y armonía con el medio ambiente, con la gente que nos rodea (amigos y enemigos), y con nuestro ser interior (mente y corazón). Esto es el perfecto amor, el que refleja el estado de la creación antes de la caída.

A pesar de esta explicación, muchos de los teólogos y líderes religiosos, antes y después de Wesley, han tenido una preocupación primordial por la «sana doctrina», por la ortodoxia, pero tal como ellos la entienden. Así que cuando Wesley empezó a predicar y ministrar, enfatizando la vida y experiencia cristianas, sus críticos alegaban que no necesitaban lo que Wesley predicaba puesto que ya lo habían aprendido. Por eso Wesley preguntaría: «pero ¿lo han vivido?» De esta forma Wesley afirma que la vida cristiana y las actitudes que reflejan el carácter de Dios siempre deben estar unidas a la reflexión teológica y las afirmaciones doctrinales. Wesley no está cuestionando las afirmaciones «clásicas» de la fe cristiana, ni tampoco las está negando. Simplemente las está uniendo y está midiendo su efectividad al ser aplicadas a la vida diaria.

Esta forma de pensar de Wesley favorece a los hispanos. En nuestra cultura, en nuestra manera de relacionarnos, hay una constante integración entre la teoría y la práctica. El famoso pensador cubano, José Martí, resumió esta forma de ser cuando afirmó: «pensar es servir». Además de esto, las «reflexiones teológicas hispanas» tienen la tendencia a cuestionar las expresiones teológicas «clásicas» y tradicionales, ya que por lo regular estas últimas están asociadas con los grupos mayoritarios que tienden a negar la experiencia y realidad de las expresiones teológicas de los grupos minoritarios. Las teologías que nacen de las reflexiones de la vida cotidiana, las que nacen al enfrentar conflictos y situaciones de opresión, hacen precisamente lo que Wesley hizo: desafían las teologías clásicas y tradicionales al cuestionar su aplicación a la vida diaria. Estas teologías arraigadas en la cotidianidad no responden a las «necesidades» de la vida cómoda y de bienestar que otorga estar en situaciones de privilegio, sino que revelan una capacidad de ser fuente de ayuda y sostén en la lucha contra la injusticia, y una capacidad para transformar más y más nuestras vidas de tal manera que reflejemos a Cristo. Es por esta razón que las palabras y teología de Wesley encuentran oídos atentos y receptivos entre los hispanos.

4) *La importancia de la transformación y la relación con la iglesia madre.* Sin lugar a duda la experiencia de Juan Wesley en Aldersgate fue uno de los momentos trascendentes decisivos de su vida. Es el momento que cambió de manera drástica su forma de pensar, su forma de ver a Dios y la vida, de tratar a los demás y su manera de ministrar. En pocas palabras, cada aspecto de su vida fue transformado por la gracia, amor y misericordia de Dios. Pero no sólo eso, durante toda su vida Wesley creyó que esta gracia divina no estaba limitada a quienes estaban predestinados para la salvación, y por eso siempre se opuso a la posición calvinista. Para Wesley, la gracia y salvación que Dios ofrece son universales, es decir, se ofrece a todos los seres humanos sin ninguna distinción. Por lo tanto, toda persona en particular puede ser transformada, sin importa su condición legal, moral, social, de género o étnica. La gracia de Dios ha sido extendida a todos sin excepción.

Como ya se ha explicado en el capítulo anterior, y a pesar de que el impacto de Wesley en la sociedad de Inglaterra del siglo XVIII fue limitado, Wesley también desarrolló esta forma de pensar en el ámbito social. Sin embargo, considero importante mencionar el ejemplo de una práctica ministerial de Juan Wesley que contribuyó a transformar comunidades enteras. Me refiero a una actividad que hoy es popular y común en la mayoría de las iglesias actuales y que tiene su origen en el metodismo: las escuelas dominicales. Principalmente Wesley y sus seguidores (se cree que fue Roberto Raikes) iniciaron escuelas dominicales con niños y adultos. En su origen, las escuelas dominicales no surgieron para enseñar la Biblia, aunque este era el libro de texto básico en las clases. Más bien, estas escuelas fueron una respuesta concreta al alto nivel de analfabetismo que se daba en las comunidades pobres de Inglaterra. En su mayoría, tanto niños como adultos trabajaban largas jornadas diarias y durante seis días a la semana. Así pues, los niños, obligados por la necesidad, trabajaban en las minas de carbón al lado de sus padres en lugar de ir a la escuela. Así que Wesley y sus metodistas iniciaron escuelas que se reunían los domingos, el único día de la semana que tenían libre, para dar clases y alfabetizar usando la Biblia como libro de texto. Este es otro claro y evidente ejemplo de cómo las prácticas e ideas innovadoras de Wesley, que estaban fundamentadas en su «teología práctica» y pastoral, tuvieron la capacidad de transformar no sólo al individuo, sino también a comunidades enteras.

Una de las razones por las que el énfasis en las experiencias transformadoras de la teología de Wesley tiene aceptación y una conexión especial entre los hispanos protestantes, es que la mayoría de quienes nos consideramos cristianos de *primera generación*[4] hemos tenido esta experiencia. La mayoría de nosotros, aunque estuvimos expuestos a la fe cristiana a través de la Iglesia Católica Romana, hemos tenido una experiencia transformadora fuera de ella. Con esto no quiero decir que los católicos no sean cristianos, ni que quienes practican el catolicismo no pueden tener una experiencia de conversión. Simplemente estoy señalando una realidad histórica y social que he observado, e incluso he experimentado en mi propia vida. La mayoría de creyentes cristianos protestantes han tenido una «experiencia de conversión» fuera de la iglesia católica, y debido a ello es que muchos han abandonado esa iglesia. Sin embargo, otros se han quedado en ella y ahora forman parte del creciente movimiento de católicos carismáticos o de otros movimientos de renovación que se están dando dentro de la Iglesia Católica Romana.

De manera muy similar, en su tiempo Wesley se encontró con un pueblo que nominalmente pertenecía a la Iglesia Anglicana[5], pero que solamente a través de la predicación de Wesley tuvieron su experiencia de «conversión» y del perdón de Dios. La diferencia, y quizá lo más importante que debemos aprender de Wesley, es que él nunca promovió ni deseó dejar la Iglesia Anglicana pese a sus problemas y «errores». Durante toda su vida Wesley permaneció fiel a la iglesia que le dio su ordenación ministerial y nunca quiso dejar de ser parte de ella. Por el contrario, y especialmente en este tiempo, algunos de los movimientos «protestantes» o «evangélicos» actuales muchas veces critican y ridiculizan la fe y prácticas de nuestros hermanos y hermanas católicos. Hacer esto de ninguna manera refleja el amor ni la perfección cristiana que Wesley vivía, predicaba y deseaba que sus seguidores mostraran. Más bien lo negaban. En su «Carta a un católico romano», Wesley dice:

> No creo que sólo en sus filas haya resentimiento; sé que también existe entre nosotros. Tan así es que temo que muchos de los llamados protestantes estarán molestos conmigo por escribirle una carta como ésta, y dirán que le muestro demasiada consideración y que usted no es merecedor de tanta consideración de nuestra parte. Sin embargo, yo creo que usted la merece. Creo que merece usted el trato más afectuoso que yo puedo darle, por sólo el hecho de que el mismo Dios nos formó a usted y a mí del polvo de la tierra, y nos dio la capacidad de amarle y gozarnos en él por la eternidad; aunque sólo fuera por el hecho de que usted y yo fuimos comprados por la sangre del Hijo de Dios. Mucho más aun, si es usted una persona temerosa de Dios (como, sin duda, muchos de ustedes lo son), que se esfuerza por tener una conciencia libre de ofensas a Dios y hacia el prójimo. Me esforzaré, por lo tanto, con toda moderación y tan fraternalmente como me sea posible, por tratar de eliminar en alguna medida lo que motiva sus sentimientos adversos, explicando claramente en qué consiste nuestra fe y cómo la practicamos, de modo que pueda ver que no somos los monstruos que tal vez imaginó.[6]

A pesar de las diferencias teológicas, y de que muchos de nosotros hemos tenido nuestra experiencia de conversión fuera de la Iglesia Católica, Wesley nos recuerda que nuestras conversaciones son un reflejo evidente del respeto que tenemos por el prójimo, y de la importancia de ver la imagen de Dios plasmada en otras personas, incluso en las que no comparten nuestras ideas y no conciben la vida cristiana como nosotros.

De nueva cuenta, la experiencia de la transformación que Wesley vivió y predicó y su relación con la Iglesia Anglicana, tienen grandes similitudes con una gran mayoría de cristianos protestantes contemporáneos. Aprendamos de Wesley y sigamos su ejemplo viviendo y siguiendo en el proceso hacia la perfección cristiana, predicando y enfatizando la «experiencia de la conversión», pero también tratando a nuestras hermanas y hermanos católicos con el mismo respeto y cordura con que Wesley lo hizo. Así, y siguiendo el ejemplo de Wesley (que siguió el ejemplo de Cristo), continuemos con la tarea de buscar la transformación de otros, de nuestras comunidades y de las estructuras sociales. Busquemos oportunidades, que sin lugar a duda abundan, para mostrar el amor de Dios de manera práctica e innovadora, tal como en el tiempo de Wesley fueron las escuelas dominicales.

5) *La importancia de la comunidad.* ¿Cómo fue que Juan Wesley *formó* de manera deliberada a los cristianos de su tiempo? Una respuesta sencilla se encuentra en las sociedades, las clases y las bandas. Más que un simple grupo de oración o de estudio bíblico, estas reuniones eran oportunidades para convivir, para conocer de manera más personal al otro, pero siempre en un ambiente de confianza y discreción. A esto, no obstante, hay que añadirle que los integrantes de esos grupos no pertenecían a las mismas clases sociales, así que grupos de este tipo eran algo nunca visto con anterioridad. ¿Cuáles fueron los motivos de Wesley para crear este tipo de comunidades cristianas? La respuesta la encontramos en uno de sus sermones donde Wesley afirma que ...

> ... el cristianismo es esencialmente una religión social, y que tratar de hacerlo una religión solitaria es en verdad destruirlo. Por cristianismo quiero decir ese método de adorar a Dios que Jesucristo reveló a la humanidad. Cuando digo que esta es esencialmente una religión social, quiero decir que no sólo no puede subsistir sino que de ninguna manera puede existir sin la sociedad, sin vivir y mezclarse con los seres humanos.[7]

He incluido este llamado de Wesley no sólo para mencionar la importancia de la comunidad en el desarrollo de la vida personal y de la iglesia, como ya he hecho en los capítulos previos, sino también como un llamado a las iglesias que están compuestas por un solo grupo étnico y que —de manera consciente o inconsciente— no tienen deseo de establecer comunidades diversas como parte de su obra de evangelización (es decir, que sólo están interesadas en «alcanzar» a quienes son semejantes a ellos). Esto también incluye algunas iglesias hispanas donde la mayoría de los miembros pertenecen a un país y, por lo tanto, no se recibe con la misma apertura y calidez a personas de países diferentes.

La idea de una comunidad diversa, plural, es importante en la teología de Wesley (a pesar de que su teología y ministerio no fueron un sistema democrático tal como hoy lo entendemos). Por eso consideró que el diálogo, la conversación amigable, las relaciones interpersonales, el compartir los alimentos juntos, el hablar de las diferencias teológicas con franqueza y respeto y, sobre todo, el incluir a las personas rechazadas por la sociedad, creaban un ambiente de comunión que reflejaba el amor de Dios y su imagen. En nuestra cultura hispana, las relaciones interpersonales son muy importantes. He tenido la experiencia de ministrar como pastor en iglesias hispanas y también donde la congregación era de ascendencia anglosajona. Así que he observado y vivido las diferencias que se dan entre nuestras prácticas como hispanos y las de otras culturas. Por ejemplo, esto lo podemos ver muy claramente en las visitas pastorales porque ahí se pueden apreciar bastante bien las diferencias entre las culturas. Mis visitas pastorales a las familias hispanas casi siempre incluían comida, plática de sobremesa, cantos, oración, la presencia de otros familiares, amigos y vecinos, y donde todos compartíamos unos con otros. Así pues, el método que Wesley usó para sus grupos, también podemos aplicarlo a nuestro contexto, ya que, hasta cierto punto, nuestra cultura refleja de manera natural lo que él propone y vislumbra: una comunidad abierta al diálogo, una comunidad plural, una comunidad con fuertes nexos de amistad y compañerismo, una comunidad preocupada por el bienestar de los demás y por tener una relación personal con ellas.

6) *Teología contextual.* Como nos hemos dado cuenta, y he expuesto en este libro, la vida de Juan Wesley está íntimamente ligada a su teología y viceversa. Incluso podemos decir que la experiencia de Wesley y sus reflexiones teológicas nos muestran las prioridades y los debates que fueron importantes no sólo para él, sino también para la Iglesia Anglicana y los teólogos de su tiempo. Los múltiples documentos con los que Wesley intenta definir las diferencias e implicaciones entre la teología arminiana (wesleyana) y la calvinista, dan evidencia de ello. Así pues, de hecho, sus cartas y sus diarios son una fuente primordial para el estudio de su teología. Frecuentemente en sus relaciones y comunicación con diferentes personas —que incluía a los pobres, los enfermos, los encarcelados— surgieron preguntas y situaciones que determinaron el enfoque de su reflexión teológica. Es decir, que Wesley parte de ahí y elabora su teología al enfrentar esos problemas y preguntas.

De una manera muy similar las preguntas que surgen de nuestra experiencia como inmigrantes, de nuestras luchas por la justicia que nacen de vivir como extranjeros en una tierra y cultura diferentes, nos llevan a reflexionar y elaborar una teología que dé respuesta a estas situaciones. Por esta razón, nuestro «método» teológico está en tono con el de Wesley y podemos presentarlo como un modelo de reflexión teológica legítimo toda vez que seamos desafiados y se nos acuse de que nuestra teología no es válida. Así pues, afirmando que este método tiene su fundamento en la Escritura misma y en el fundador de la tradición wesleyana y de santidad, también podremos contrarrestar la acusación de que nuestra teología es de segunda clase.

7) *Santidad y Solidaridad.* Para Wesley, la santidad es una expresión externa y práctica de nuestra relación interna con Dios a través de Cristo. Desde el punto de vista popular, la solidaridad se entiende como una serie de acciones de caridad y piedad en favor de la gente necesitada, o como mera lástima que hace sentir tristeza por la gente que es marginada y sufre. Para Wesley, la perfección cristiana incluye esos elementos, pero también mucho más. Es decir, si no va acompañada de una relación personal con la gente pobre, en realidad esa expresión cristiana de «santidad» no existe. Y no basta con establecer una mera relación de amistad, porque la verdadera santidad es la que lleva al creyente a identificarse de la misma manera que Cristo se identifica con los necesitados (Mateo 25), y trabaja hombro a hombro con ellos para lograr su bienestar social.

Por esta razón, creo que hay similitudes importantes entre los conceptos de santidad y solidaridad que debemos notar. A pesar de que Wesley no utiliza el término solidaridad en su definición de la santidad, la elaboración y manera en que concibe la perfección cristiana ciertamente reflejan el mismo fundamento. Para Wesley la santidad nos lleva a tener la vida y ministerio a Cristo como nuestro modelo, como el patrón que debemos seguir en todas nuestras acciones y actitudes. Seguir el ejemplo de vida de Cristo significa reflejar el amor de Dios de una manera sacrificial y con acciones concretas que demuestren ese amor a quienes nos rodean y, sobre todo, significa ministrar e incluir a la gente marginada. Es por eso que Wesley está convencido de que el mensaje del evangelio y de la santidad son un mensaje de hospitalidad. De la misma manera que Cristo extiende una invitación a toda persona para venir y gozar de las bendiciones que Dios ofrece, también Wesley invitó a toda persona, particularmente a los desprotegidos y pobres, a ser parte del «movimiento de santidad».

Este movimiento fomenta una santidad integral, donde el que invita y el invitado se complementan y existe amor genuino entre ellos, donde el uno necesita del otro para poder vivir en santidad. Como ya lo hemos dicho antes, para Wesley el amor es el elemento esencial en su interpretación de la perfección cristiana. En pocas palabras, la perfección cristiana es sencillamente imitar el amor de Dios que habitó en Cristo. Debido a estas afinidades, la manera de Wesley de entender la santidad encuentra tierra fértil entre el pueblo hispano. Y es que este encuentro hospitalario y solidario enriquece tanto a wesleyanos como hispanos.

Como ya se ha expuesto antes, una de las conexiones más evidentes es que la mayoría de los teólogos hispanos insisten en que la teología es contextual. Sin lugar a duda, toda interpretación bíblica es contextual, cada reflexión teológica es contextual y cada expresión ministerial también refleja nuestra realidad social. Pero cuando la interpretación contextual se elaborada desde una posición de poder y privilegio, entonces se convierte en dominante y «oficial». Para contrarrestar esta tendencia —que refleja nuestra naturaleza pecaminosa y egoísta— hay que incluir la reflexión teológica que brota del pueblo desprotegido y marginado, tal como los teólogos hispanos lo declaran.

El tipo de santidad que Wesley enseña y la solidaridad con el pueblo hispano —especialmente con los nuevos inmigrantes— representan una oportunidad para que la teología que se elabora desde posiciones de privilegio deje de ser egocéntrica, refleje el amor inclusivo de Dios y para que sus seguidores puedan crecer en la gracia y vivir en verdadera santidad.

Mi deseo y oración es que este libro, y la reflexión aquí presentada sobre la teología de Wesley, logren el objetivo de ayudarnos a vivir en santidad/solidaridad con nuestro prójimo y, en particular, con quienes la sociedad ha relegado a los márgenes.

NOTAS

[1] Oscar Sherwin, *John Wesley Friend of People* (New York: Twayne Publishers, 1961).
[2] *Obras de Wesley*, Tomo VI, Defensa del Metodismo, p. 25.
[3] *The Works of John Wesley*, Vol. VIII, p. 252.
[4] Es decir, que nadie en nuestra familia ha tenido una experiencia de «conversión»

antes que nosotros, o que no hemos nacido en hogares donde la religión fuera la protestante o evangélica.

[5] Que, debido a su origen, tiene muchas conexiones y similitudes con la Iglesia Católica.

[6] *Obras de Wesley*, Tomo VIII, Tratados Teológicos, p. 170.

[7] Ibid., Tomo II, Sermones II, p. 84.

Bibliografía

Recursos Primarios

Wesley, Juan. *Obras de Wesley.* 14 vols. ed. Justo L. González. Franklin, Tennessee: Providence House Publishers, 1996.

Wesley, John. *The Works of Rev. John Wesley.* 14 vols. ed. Thomas Jackson. London: Wesleyan Methodist Book Room, 1829-1831. Reprinted Grand Rapids, Michigan: Baker Book House, 1978.

Recursos Secundarios

Abelove, Henry. *The Evangelist of Desire: John Wesley and the Methodists.* Stanford, California: Stanford University Press, 1990.

Baker, Frank. *John Wesley and the Church of England.* Nashville: Abingdon, 1970.

Bauer, M. C. *Health, Wealth, and the Population in the Early Days of the Industrial Revolution.* London: Routledge and Keagan Paul, 1968.

Bready, J. W. *England Before and After Wesley.* 3ª ed. London: Oxford, 1939.

Eli, R. George. *Social Holiness: John Wesley's Thinking on Christian Community and its Relationship to Social Order.* New York: P. Lang Pubs., 1993.

González, Justo L. *Juan* Wesley: *Herencia y Promesa.* Hato Rey: Publicaciones Puertorriqueñas, 1998.

Halévy, E. *The Birth of Methodism in England.* Chicago: University of Chicago Press, 1971.

Heitzenrater, Richard P. *Mirror and Memory: Reflections on Early Methodism.* Nashville: Kingswood Books, 1989.

_____. *Wesley and the People Called Methodists.* Nashville: Abingdon, 1995.

Hulley, Leonard D. *Wesley: A Plain Man for Plain People.* Westville, South Africa: Methodist Church of South Africa, 1987.

Jennings, Theodore W., Jr. *Good News to the Poor: John Wesley's Evangelical Economics.* Nashville: Abingdon Press, 1990.

Lelievre, Mateo. *Juan Wesley, su vida y su obra: The Life & Work of John Wesley.* Fort Lauderdale: TSELF, 1972.

Marquardt, Manfred. *John Wesley's Social Ethics.* Nashville: Abingdon, 1992.

Oden, Thomas C. *John Wesley's Scriptural Christianity: A Plain Account of His Teachings on Christian Doctrine.* Grand Rapids: Zondervan, 1994.

Outlet, Albert C. *Theology in the Wesleyan Spirit.* Nashville: Tidings, 1975.

Rack, Henry D. *Reasonable Enthusiast: John Wesley and the Rise of Methodism.* London: Epworth Press, 1989.

Semmel, Bernard. *The Methodist Revolution.* New York: Basic Books, 1972.

Sherwin, Oscar. *John Wesley Friend of People.* New York: Twayne Publishers, 1961.

Tabraham, Barrie W. *The Making of Methodism.* London: Epworth Press, 1995.

Thompson, D. D. *John Wesley as a Social Reformer.* Manchester: Ayer, 1898.

Thompson, E. P. *The Making of the English Working Class.* New York: Penguin Books, 1968.

Ward, W. R. *Religion and Society in England 1790-1850.* New York: Schocken Books, 1973.

Warner, Wellman J. *Wesleyan Movement in the Industrial Revolution.* Berkeley: Russell, 1967.